U0089628

古代歷史文化 研究輯刊

二一編

王明蓀 主編

第11冊

從內地到邊郡：
宋代揚州城市與經濟研究（上）

何適 著

國家圖書館出版品預行編目資料

從內地到邊郡：宋代揚州城市與經濟研究（上）／何適 著——
初版 — 新北市：花木蘭文化事業有限公司，2019〔民 108〕
目 4+148 面；19×26 公分
（古代歷史文化研究輯刊 二一編；第 11 冊）
ISBN 978-986-485-729-6（精裝）
1. 都市經濟學 2. 宋代
618   108001501

ISBN-978-986-485-729-6

古代歷史文化研究輯刊
二一編　第十一冊　　　　　　　　ISBN：978-986-485-729-6

從內地到邊郡：宋代揚州城市與經濟研究（上）

作　　　者　何適
主　　　編　王明蓀
總 編 輯　杜潔祥
副總編輯　楊嘉樂
編　　　輯　許郁翎、王筑　美術編輯　陳逸婷
出　　　版　花木蘭文化事業有限公司
發 行 人　高小娟
聯絡地址　235 新北市中和區中安街七二號十三樓
　　　　　　電話：02-2923-1455／傳真：02-2923-1452
網　　　址　http://www.huamulan.tw 信箱 hml 810518@gmail.com
印　　　刷　普羅文化出版廣告事業
初　　　版　2019 年 3 月
全書字數　296009 字
定　　　價　二一編 49 冊（精裝）台幣 122,000 元
　　　　　　　　　　　　　　　　　版權所有·請勿翻印

從內地到邊郡：
宋代揚州城市與經濟研究（上）

何適　著

作者簡介

何適，男，湖北廣水人。歷史學博士，揚州大學社會發展學院講師，研究方向爲宋代歷史。

提　　要

　　本書關注兩宋時期揚州城市與經濟的發展狀況。對宋代揚州的研究，除考慮趙宋政權強化中央集權的政治背景與經濟重心南移的經濟背景外，兩宋之際地緣政治的變化導致揚州從內地轉爲邊郡，也是一個至關重要的背景。參照以上宏觀背景，本書稿主要考察了兩宋時期揚州的城市建設、政區變動、人口狀況、農田水利、商業活動等內容。基於不同的內容，研究過程中注意到揚州城市與區域的差別。具體來說，通過本書，對兩宋時期揚州城市屬性的變遷與城市格局的調整、揚州政區幅員的縮小及其軍政地位的降低、揚州農田水利的開發與社會經濟發展程度的提高，揚州人口的增減及商業活動的展開等等內容，會有比較具體和切實的認識。

目次

上　冊

緒　言 ……………………………………………… 1

　第一節　選題緣由 ………………………………… 1

　第二節　對以往研究的回顧與反思 ……………… 3

　第三節　擬研究的思路與方法 …………………… 16

第一章　宋代揚州的城池建設 ………………… 19

　第一節　揚州城池建設與宋廷關於修城的政策
　　　　　取向 …………………………………… 19

　　一、入宋時的揚州城池概況 ………………… 19

　　二、二重證據：北宋揚州城池建設考 ……… 24

　　三、經濟、治安與軍事：影響宋廷修城政策
　　　　的諸因素 ………………………………… 35

　第二節　「孝宗恢復」與揚州城池建設 ………… 39

　　一、「內地修城」：州城（宋大城）之修補 …… 41

　　二、堡寨城與夾城：揚州新城之創建 ……… 48

　　三、孝宗「末年之政」與揚州城池建設 …… 56

　　四、揚州城池建設與地方視野中的「孝宗恢復」
　　　　……………………………………………… 60

　第三節　修繕與擴充：南宋後期的揚州城池建設 … 64

　　一、寧宗朝開禧北伐前後的兩次修城 ……… 64

二、寶祐城新探：考古發掘的啓示與賈似道
的自敘 ………………………………………68

三、孰包平山堂：「平山堂城」的歸屬問題 ····74

第四節　總結 …………………………………………78

第二章　宋代揚州的政區變動及其對經濟的影響···81

第一節　揚州政區的演變類型與趨勢 ……………81

第二節　影響揚州政區變動的諸因素 ……………90

一、宏觀背景下地方政區的細化 ……………91

二、轄下政區經濟的發展與地方財賦轉輸
取便 …………………………………………92

三、戰爭背景下的政區調整 …………………96

第三節　政區變動對揚州經濟的影響 ……………98

一、財政收入的整體縮減 ……………………99

二、港口地位的下降——眞州的分割作用 ····101

三、地理因素的影響：宋代揚州相對衰落之
原因再探討 ………………………………104

第四節　結語 ………………………………………108

第三章　宋代揚州的人口狀況 …………………………111

第一節　宋代揚州戶口總數概況 ………………111

一、北宋時期的持續增長 …………………111

二、南宋時期的消減與恢復：嘉靖《惟揚志》
所載戶口數據分析 ………………………118

三、小結 ……………………………………123

第二節　宋代揚州的人口流動 …………………123

一、民眾的遷進與徙出 ……………………124

二、官兵之入駐與遣出 ……………………132

三、小結 ……………………………………146

下　冊

第四章　宋代揚州的農田與水利 ………………………149

第一節　民田墾佃：重農背景下的農田經營舉措·149

第二節　屯田與營田：軍事背景下的官田經營 ····158

一、揚州的屯田狀況 ………………………159

二、揚州的營田狀況 ………………………164

　　　三、小結 ……………………………………… 171
　　第三節　宋代揚州的水利與漕運 ……………… 171
　　　一、水利工程的展開 ………………………… 172
　　　二、漕運系統的疏通 ………………………… 175
　　第四節　總結 …………………………………… 182
第五章　**宋代揚州的商業經濟** ………………… 185
　　第一節　揚州的市鎮與商業分區 ……………… 185
　　　一、宋代揚州的市鎮狀況 …………………… 185
　　　二、宋大城的商業分區 ……………………… 189
　　第二節　從北宋中期的商稅數額看揚州商業經濟
　　　　　　的發展 ………………………………… 192
　　　一、商稅稅額 ………………………………… 192
　　　二、酒麴稅額 ………………………………… 194
　　　三、鹽額 ……………………………………… 197
　　第三節　南宋的商業政策及商人在重建揚州社會
　　　　　　秩序中的作用 ……………………… 200
　　第四節　總結 …………………………………… 207
結　論 ……………………………………………… 209
參考文獻 …………………………………………… 213
附錄一：宋代揚州的政區變動與經濟衰落 ……… 227
附錄二：宋孝宗朝揚州城池建設考──兼論地方
　　　　視野下的「孝宗恢復」 ………………… 243
附錄三：南宋揚州蜀崗上城池建設新考 ………… 261
附錄四：制度興廢的政治隱微──巡社興廢看南
　　　　宋收編地方武力的官方心態 …………… 285
附錄五：從官方到民間：倉儲建置與宋代救荒的
　　　　社會力量 ………………………………… 303
後　記 ……………………………………………… 319

緒　言

第一節　選題緣由

　　揚州是長江下游北岸的重要城市，不但歷史悠久，在中晚唐以後，經濟社會的發展更是一度在全域內首屈一指。「揚一益二」之說，就是對揚州經濟社會狀況的一種簡潔描述。而像「十里長街市井連，明月橋上看神仙。人生只合揚州死，禪智山光好墓田」（張祜《縱遊淮南》）這類針對揚州市井風華的詩歌，更是所在多有，無疑增加了時人及後人對於唐代揚州繁盛風貌的印象。明清時期，隨著兩淮鹽政制度的改革，大批鹽商聚集於揚州，推動揚州的商業經濟發展到另一個高峰。在前後兩個高峰的映襯之下，宋代揚州顯得相對衰落與蕭條，儼然成爲揚州經濟社會發展史上的一個波谷階段。衰落的階段，往往不受研究者的青睞。宋代區域史與城市史研究，長期以來都是學術界關注的重要焦點，但至今並沒有針對揚州的專門論著，一定程度上便反映出相關研究的欠缺。僅僅知道宋代揚州處在衰落的狀態，並不是城市和社會經濟研究的終極目標，我們必須深入到城市及社會經濟發展的實際層面，才能對相關問題有更切實的認識。本選題的直接原因便是希望能盡可能彌補這一缺失。

　　但本選題並非僅爲填補空白而爲，宋代揚州在個案中有一定特殊性，且對其進行研究也有折射整體的特殊意義。宋代是中國古代城市發展的重要時期，中外學者圍繞這一主題，已經有比較成熟的研究。無論是宏觀層面的整體觀察，抑或微觀層面的個案分析，成果都比較豐富。但這一領域仍有進一步拓展

與深入的空間，尤其是個案研究尚有待進一步加強。此一方面能直接認識特定城市的發展狀況，另一方面也可以為總體論斷提供必要的案例基礎。在兩宋時期除都城以外的眾多城市當中，揚州是比較特殊的一個，若將其放到唐宋時期這一相對長時段的歷史中進行觀察，表現更是明顯。總體來說，揚州的特殊性表現在城市的經濟盛衰、空間布局與軍政地理三個方面，這三個方面互有關聯。就城市經濟盛衰而言，宋代揚州經濟給時人及後人以衰落的印象，與中晚唐以來揚州經濟的繁榮形成了強烈的反差，在宋代商業經濟較之唐代有長足進展的背景下，揚州城市經濟之所以相對衰落，其原因何在？宋代揚州城市經濟的具體表現又如何？就城市建設與空間布局而言，宋代揚州城雖部分在唐代舊城基礎上興建起來，但空間與布局與唐代顯有差別，與同時期的其他州城也多有不同。這種差別的表現與原因同樣值得探討。就城市的軍政地理而言，兩宋時期的揚州隨著靖康之亂與宋室南渡，完成了從「內地」到「邊郡」的轉變，這種轉變對城市性質有怎樣的影響？城市經濟的發展與空間布局在揚州軍政地理格局轉變的背景下有怎樣的具體表現？凡此之類，皆直接關涉宋代揚州之問題也。除此之外，唐宋時期，是中國歷史重要的發展與變革階段，經濟重心從北往南轉移，政治、經濟、社會、文化等方面的「變革」也表現突出。揚州作為江北的重要城市，其在兩宋時期的發展以及唐宋時期的盛衰轉變，與上述兩條線索的趨勢或動向是完全合拍抑或不盡相同？同與不同又該如何放到這些背景中去解釋？此則個案與整體之關聯互動也。

以上這些問題，係從上述三個方面衍生而來，其中有些問題今人的研究已有涉及，但仍有相當部分尚未得到有效地解決，仍有進一步探討的空間。限於體例，這裡僅舉一例為示。關於唐宋揚州由盛轉衰的原因，今人的研究最為集中，但往往都關注的是外部因素如戰爭、港口等，相當程度上忽視了唐宋時期揚州的內在變化，畢竟唐代揚州與宋人言說中的揚州，其所指已大有不同，政區地理是其中最為基礎而重要的內在方面。大體來說，宋代揚州是在割去唐代揚州西、北、東三面之後的剩餘，政區幅員已大為縮小，在討論不同時期名稱相同但所指有異的主題時，此間的差別不能不作一區分。

總而言之，所有以上這些問題，如果不能給出有效地解釋，一方面不能對宋代揚州的發展狀況有更清晰地認識，另一方面也無法在長時段的歷史中，將兩宋時期的揚州與其前後的歷史時段做更深入地縱向比較。職是之故，本文選取宋代揚州為研究主題，以期能對上述問題給出有效地解釋。

第二節　對以往研究的回顧與反思

　　今人關於宋代揚州的研究雖然有其局限性，但是仍然取得了一些重要的成果。對現有的這些研究作系統的總結與反思，於進一步展開宋代揚州研究，有相當的必要。以下據相關研究討論的具體主題進行分類，先對現有研究做一系統回顧，之後反思這些研究的焦點及其不足，爲研究思路與方法的設定提供必要的基礎。

一、關於宋代揚州經濟的研究

　　現有關於宋代揚州經濟的研究，主要集中在探討其經濟衰落的原因。首先要提到的是全漢昇先生在上個世紀四十年代撰寫的《唐宋時代揚州經濟景況的繁榮與衰落》（《歷史語言研究所集刊》1943 年第 11 本）一文，該文討論了唐宋時期揚州盛衰的具體表現，並從經濟史的角度分析了影響揚州盛衰的各種因素。認爲唐末以來揚州經濟的衰落，戰爭因素只是導火線而非最根本的因素；揚州的衰落，更主要的是由於國內外貿易、工業、金融業和運輸業等幾個先前導致揚州繁盛的因素，自唐末以來逐漸喪失；而眞州的崛起，在很大程度上取代了揚州的經濟地位。作爲早期的研究文章，該文開創之功不可沒。日本人西崗弘晃從水利交通的角度，對宋代揚州衰落的原因作了探討，他在《宋代揚州的城市水利》（此處用的是呂娟的中文節譯本，見《城市發展研究》1996 年第 1 期；原文題爲《唐宋期揚州の盛衰と水利問題》，刊《中村學園研究紀要》第 34 號，2002 年）一文中，認爲江中沙洲的發育，江岸線大幅度南移，再加上生活排水和廢物的拋棄，導致水路淤塞。諸如此類的水利問題，使得大運河的城內運行受阻，必須在城外發掘新航道。如此以來，揚州城的交通、經濟等機能都大幅度地降低了，往日的有利條件在很大程度上被新興起來的眞州所佔據。謝元魯《論「揚一益二」》（《唐史論叢》（第三輯）1987 年第 2 期）一文，在梳理唐代「揚一益二」說的形成過程以及二地經濟社會繁榮之表現時，也對揚州與成都在唐末五代的衰落進行了解釋。其中關於揚州衰落的原因，作者將人爲因素與自然因素相結合，認爲唐五代以來的戰亂以及長江主流航道的南移導致揚州港口地位喪失，是導致宋代揚州衰落的兩個主要原因。該文所提及的因素，與全漢昇及西崗弘晃關注的重點是一樣的，只是各自強調的程度稍有不同而已。所可注意者，以上三人都強調揚州衰落過程中眞州的取代作用。最近梁庚堯的長文《從南北到東西——宋代

眞州轉運地位的轉變》（《臺大歷史學報》2013 年 12 月第 52 期），進一步對宋代眞州經濟發展的具體表現及其在轉運方面的地位有更深入的研究。從周邊政區的經濟發展，關照宋代揚州地位的變化，這對認識宋代揚州經濟也可以起到有很好的參考意義。

　　韓茂莉對江水南移的說法提出了反駁。她在《唐宋之際揚州經濟興衰的地理背景》（《中國歷史地理論叢》1987 年第 1 期）一文中，將區域經濟的盛衰放到唐宋時期整體經濟格局變遷的大背景下進行考察。認爲宋代揚州經濟的衰退，江水南移不是主導的因素；應該從唐宋之際經濟重心的南移、城市的商業流通與對外交通三個方面，對宋代揚州經濟的相對衰弱進行解釋。認爲唐代揚州的繁榮與經濟重心的南移息息相關；至宋代，經濟重心的轉移基本完成，南盛北衰的經濟地理格局已經形成。隨著東南經濟區的全面發展，市舶司等機構的據點向南轉移，揚州失去了通海的機會。與此相關，揚州城市的商業流動性也大爲降低。在這些因素的共同影響下，揚州隨之失去了以往的經濟中心地位。韓氏的分析試圖提供更爲宏觀的經濟背景，這一分析視角值得肯定。但若依此說，則與揚州地理位置相近的城市，在兩宋時期也應該呈現經濟衰落的景象；這就無法解釋宋代眞州的突出發展。所以其說仍有進一步思考的餘地。

　　周運中對於上述研究有更進一步的反思，從周邊地區所構成的整體港口體系出發，對宋代揚州經濟較唐代爲衰落給出了解釋。他在《港口體系變遷與唐宋揚州盛衰》（《中國社會經濟史研究》2010 年第 1 期）一文中，認爲宋代的長江口港口體系與唐代揚州一港獨大的情況不同，除了潤州、江寧、江陰等舊港的發展，還興起了眞州、通州、青龍三個新港。其中江南有四，江北占二。眞州港雖然最大，但是不以外貿爲主。通州港雖然在長江口，但是因爲腹地無山林礦石，商品單一而且缺乏特色，始終是一個小港。長江口南岸的四個外貿港口中，越靠下游，地位越重要。文章認爲，之所以有此種變化，其中既有政治推動作用，也有地理和經濟因素影響。海陸變遷只是揚州衰落的基礎，十國割據形勢對揚州經濟雖然有很大打擊，但也不是其衰落的主要原因。宋代揚州的衰落，眞州一港並沒有決定性的影響。唐宋之際長江三角洲港口體系的變遷，眞州、潤州等六個港口分擔了揚州原有的貿易職能，才是宋代揚州衰落的最關鍵原因。雖然宋代揚州在長江三角洲經濟體系重組中較唐代衰落，但是整個三角洲的產業卻得到了更均衡的分佈，促進了本地

區經濟的總體發展。周氏跳出區域史研究的某些局限，從更大的地域範圍內把握宋代揚州的經濟狀況，對以往的研究是一次重要的推進。但「港口體系說」，與其說是解釋了局部區域的衰落，不如說是描述了整體區域的發展；由於對唐宋時期揚州內在的變化關注不夠，所以其針對前者的有效性要弱於後者。

除上述觀點以外，戰爭因素對揚州經濟的影響，也特別受到關注。宋人即已指出晚唐五代的戰爭對揚州經濟的破壞作用，[註1]所以全漢昇等學者也不否認戰爭因素對揚州經濟的破壞作用，只是強調的程度不一樣而已。不過有學者則進一步強調宋金、宋元戰爭對揚州的影響。如陳曉燕在《宋詩所見揚州經濟現象及其成因探析》（《中國城市經濟》2011 年第 27 期）一文中，認為「唐末五代戰亂以及南宋時期的宋金、宋蒙戰爭以及由此而導致的政府對揚政策的調整」，才是影響兩宋經濟的主要原因。宋代揚州不及唐代之盛，同樣「最主要的應是戰爭所引發的政治因素使然。」其說對以往的說法有所補充，但由於材料的特殊性，也帶來了論述的局限性；如該文只限於對興、衰兩種現象的描述，至於經濟現象的具體內容則幾乎沒有涉及。更重要的是，戰爭對於宋代揚州的經濟社會雖有影響，但戰爭只是特定時期內的之事，並非一直持續不斷，在兩宋大部分時間裏，揚州主要還是處在和平的環境當中。宋元之間的戰爭更是在南宋末期才出現。而在此之前時期內，揚州經濟的發展也並未趕上唐時的繁榮。所以戰爭對宋代揚州經濟的影響，不能過於強調。

關於宋代揚州經濟的研究，除去以上幾種解釋衰落原因的主要觀點外，另有一些研究試圖強調揚州經濟發展的一面。雖然相關研究尚不夠全面與深入，但這種研究方向正好與本選題的思路一致，故亦做簡單的說明。丁文嬌、宋東霞《論宋代揚州城市經濟的起伏》（《合作經濟與科技》2014 年第 16 期），對宋代揚州經濟的衰落續有說明，基本是重複前人論述。除此之外，此文也強調了揚州經濟發展的一面，可惜所用多為二手資料，論證不夠堅實。王曾瑜、王茂華、王嘉川《古代揚州的經濟社會發展考述》（《揚州文化研究論叢》（第 13 輯）廣陵書社 2014 年）一文，從經濟社會發展的角度，對古代揚州的盛衰進行了長時段的考察。其中關於宋代部分，作者雖然承認宋代揚州不

[註 1] 洪邁撰，孔凡禮整理：《容齋隨筆》卷九「唐揚州之盛」條，上海師範大學古籍整理研究所編：《全宋筆記》第五編第五冊，大象出版社，2012 年，第 126頁。

及唐時揚州之繁盛，但仍然強調了揚州經濟發展的一面以及軍政地位的重要。只是限於體例，該文並未就宋代揚州經濟社會發展的具體表現作進一步的考述。

二、關於宋代揚州城市的研究與報告

關於宋代揚州城市的研究，中外學者均有涉及。日本學者安藤更生曾通過實地調研，撰成《唐宋時代揚州城的研究》（《鑒眞大和尚傳之研究·外編》，東京：平凡社 1960 年）一文，文中推測唐宋揚州城的四至及門址位置，並檢索大量古籍，針對歷史文獻中提及的揚州地點、建築進行考證，並繪有唐代揚州平面復原圖。雖然安藤的工作開展甚早，圖紙比例尚不甚精確，但由於當時的夯土、城壕遺跡留存較今日要好，所以他對唐宋城四至及門址、橋樑等建築物的位置的推測大體正確，值得參考。耿鑒庭對揚州考古發掘中的城磚頗有研究，他的《揚州城磚文中的韓世忠抗金部隊番號》（《文物》1959 年第 5 期）、《揚州南宋城磚裏的抗金抗元部隊番號》（《文物》1962 年第 11 期）兩文，對揚州考古城磚中的軍事性銘文進行了比較系統地收集與整理，對於考察南宋時期揚州的軍事建置有參考意義；《從揚州的南宋城磚磚窯談到唐代大雲寺的寺址》（《文物》1963 年第 9 期）一文，對揚州大雲寺及白沙窯的地理位置，作了比較細緻地考證，其中徵引了大量考古磚銘，涉及唐宋時期揚州景觀之變遷，對於宋代城市景觀及空間布局之研究，有一定參考意義。紀仲慶的《揚州古城址變遷初探》（《文物》1979 年第 9 期）一文，結合考古資料，梳理了宋以前揚州古城址的歷史變遷。不過該文主要是史料的羅列，並沒有深入地結合歷史背景，對城池建設作進一步地闡釋。郭正忠《唐宋四類城市的規模、布局與管理》（《中國歷史博物館館刊》1987 年第 10 期）一文，將唐宋時期的城市歸爲四類，其中揚州屬於綜合性的城市，介於政治性與經濟性城市之間。郭氏對唐宋時期城市的歸類分析值得參考，但對具體城市的定位則需要謹愼。宋代揚州在政治性與經濟性之外，軍事性一樣不可忽視，特別是南宋時期的揚州，更是地處南北政權對峙之前沿區域。所以關於唐宋時期揚州城市的性質定位，值得進一步討論。王曾瑜《也談揚州城磚中的南宋番號》（《宋遼金史論叢》第一輯，中華書局，1985 年）、《南宋後期揚州屯駐大軍番號和今存南宋揚州城磚文考釋》（《劉子健博士頌壽紀念宋史研究論集》，（日本）同朋社，1989 年）兩文，對南宋揚州的諸軍進行了探討。其中

前文爲劄記性質，篇幅較短；後文則以嘉靖《惟揚志》中所記南宋揚州屯駐
諸軍與揚州考古發掘中的城磚文比而觀之，作了比較系統的考釋，對於認識
南宋時期揚州的諸軍以及人口流動有重要參考意義。蔣忠義《隋唐宋明揚州
城復原與研究》（收入中國社會科學院考古研究所：《中國考古學論叢》，科學
出版社 1993 年）一文結合考古資料，對隋唐至兩宋時期，揚州城市的形制進
行了研究，考察了其間的沿襲關係與變更舉措，對於認識宋代揚州的城市建
設與空間布局有參考意義。李孝聰《唐宋運河城市城址選擇與城市形態研究》
（《環境變遷研究》（第四輯），北京古籍出版社 1993 年，收入《中國城市的
歷史空間》，北京大學出版社，2014 年）一文，考察了唐宋時期運河沿線的主
要城市，揚州作爲淮南運河沿岸的重要城市之一，也被視爲典型的案例。雖
然其討論主要集中在唐代揚州，但該文對城市選址的分析，對研究唐宋揚州
城市變遷，以及宋代揚州城市性質和空間布局，仍有一定的參考意義。李久
海在《論揚州宋三城的布局與防禦設施》（《東南文化》2000 年第 11 期）一文
中，利用相關考古資料，探究了兩宋時期揚州城市的整體布局形態及其軍事
作用，對於認識兩宋時期揚州城市屬性的變化以及揚州城空間布局的特點有
一定的參考作用。胡小偉《試論宋代的『江湖社會』》（張其凡、范立舟主編
《宋代歷史文化研究》（續編），人民出版社，2003 年）一文，將揚州的發展
冠以「揚州模式」之名，認爲中唐以降揚州的發展，是一種「依賴水利漕運
之便，迅速實現商業化大都會的揚州模式」，並成爲周世宗改建汴梁的模板。
關於揚州發展模式的論斷，指出了影響揚州城市經濟的重要因素以及揚州的
城市性質。但唐宋時期，隨著軍政局勢的變動，不但水利漕運的具體狀況發
生了變化，揚州城的性質特點也隨之而前後有別；這期間的差異仍有區分的
必要。王濤《唐宋之際南方城市網絡的形成與繁盛》（《中國經濟史研究》2008
年 1 期）一文，將揚州定位爲「工商型城市」，認爲「揚州不僅是當時的金融
中心，而且成爲北人購買南貨的主要市場。」此說對於認識唐宋時期揚州的
城市性質有一定參考意義，但其時間界定過於含混，忽視了唐宋時期特別是
宋代揚州城市特性的轉變，更無從把握揚州城市、經濟發展的具體表現。劉
妍的碩士論文《隋——宋揚州城防若干復原問題探討》（東南大學 2009 年碩
士學位論文）從軍事地理、城防設施與布局、建築的結構與構造三個方面，
研究了隋至宋代揚州的城防體系。所可注意者，其對揚州歷史人物的行程路
線、戰爭的攻防守路線、城門、水門的類型及分佈等問題有專門的考察。對

唐宋城市城牆高度、寬度數據進行了統計分析。除此之外，對宋代揚州城門有部分嘗試性復原，探討了南宋甕城至城濠間城防體系。此文係在前人研究基礎上的系統總結，且繪圖精細，值得借鑒。然其對相關史實的認識或有疏忽，對後續整理的考古報告也未及參考；除此之外，未能將城防建設與當時的歷史背景相結合，所以相關論斷往往有不夠精確處且不夠深入。汪勃《揚州城遺址唐宋城磚銘文內容之研究》（收入揚州博物館編《江淮文化論叢》，文物出版社 2011 年），對揚州考古發掘中出土的唐宋時期的揚州城磚進行了系統研究。辨明城磚銘文之內容與背景，是藉磚銘認識唐宋時期揚州城市社會活動的必要基礎，故而此文對於考察唐宋時期揚州的城市建設、軍事設置等內容有重要參考意義。王曾瑜、王茂華《古代揚州的城市變遷》（見《揚州文化研究論叢》（第 12 輯）廣陵書社 2013 年 12 月）一文，對歷史時期揚州的城市建設有長時段的梳理，限於體例，內容相當簡略。汪勃、王小迎：《揚州南宋堡城和寶祐城的發掘與研究》（《中國國家博物館館刊》，2015 年第 9 期），是根據最新關於揚州蜀崗舊城的發掘報告而完成的論文，對南宋堡寨城及寶祐城的關係作了探討。由於對相關文獻理解有誤，特別是對於南宋時期幾次重要的城池建設時間、人物及內容理解有誤，所以其中的探討不無疏忽之處。

以上大體以時間為序，對有關宋代揚州城市的見存研究進行了梳理。這些研究，或從宏觀層面探究揚州城的選址問題，或在微觀層面分析揚州城的外圍空間布局以及城市結構，借助揚州城考古資料，探討宋代揚州的社會問題。其中特別是蔣忠義先生關於隋唐宋明揚州城復原的研究以及李孝聰先生關於揚州城選址的論述，對於認識揚州城址變遷及其規模、城市屬性及其轉變等問題，都有重要的參考意義。但就城市研究而言，這裡面仍有一些問題並未受到應有的關注，比方說城池建設、城市內部的結構布局等問題。由於對前者的考察不夠完整，導致對揚州城址變遷及城市規模的探究不夠準確，甚至與事實相去甚遠；而後者則是考察揚州城市經濟、功能分區、城市屬性的重要依據。

除上面研究性成果外，關於宋代揚州城，還有一批考古報告值得關注。蔣忠義執筆的《揚州城考古工作簡報》（《考古》1990 年第 1 期），是主要針對唐代揚州子城與羅城遺址發掘的一份報告，文中考察了唐代揚州城的形制、修築年代及其城市規模。由於宋代揚州城與唐代揚州城有著重要的淵源關係，所以此報告對於認識宋代揚州城的規模與形制同樣有重要的參考意義。

俞永炳、李久海執筆的《揚州宋三城的勘探與發掘》(《考古》1990 年第 7 期)
一文，考述了揚州宋三城的形制及其整體布局，認爲揚州宋三城由三個互不
相連而又關係密切的城圈組成，自北而南分別爲堡城（寶祐城）、夾城和大城，
其分佈範圍大體與揚州唐城相同。爲研究揚州城市建設與空間布局提供了重
要依據。中國社會科學院考古研究所等單位整理的《揚州宋大城西門發掘報
告》(《考古學報》1999 年第 4 期)，對 1995 年以來宋大城西門及其翁城的發
掘進行了整理，對認識五代之後揚州城的修建年代及其繼承與演變關係有重
要的參考價值，於歷史文獻記載的疏忽處也有補充作用。中國社會科學院考
古研究所、南京博物館、揚州市文物考古研究所編著的《揚州城：1987～1998
年考古發掘報告》（文物出版社 2010 年），則是對 1987 年以來揚州城考古發
掘的一次系統總結。作爲揚州唐宋城考古一個階段性的成果，該報告以揚州
蜀崗爲基準，系統總結了蜀崗上、下的城址與城牆發掘。內容主要涉及唐代
揚州的子城、羅城的城牆與城址，宋代揚州的州城（宋大城）、夾城、寶祐城
的城牆與城址。在此基礎之上，對唐、宋、明三個時期揚州城牆的演變關係
進行了比較系統地梳理。除此之外，報告第五章「蜀崗下城址內遺址的考古
發掘」，對蜀崗下城市內部六處遺址的發掘有詳細地解說，這對於認識唐宋時
期揚州城市內部空間結構具有重要意義。汪勃等執筆的《江蘇揚州宋大城北
門水門遺址發掘簡報》(《考古》2005 年第 12 期)，判明了遺址的總體形制布
局，明確了其始建年代不早於五代，爲研究宋元時期揚州城的水路交通和歷
史面貌等問題提供了重要的實物資料。中國社會科學院考古研究所、南京博
物館、揚州文物考古研究所、揚州市唐城考古工作隊聯合整理的《江蘇揚州
市宋大城北門遺址的發掘》(《考古》2012 年第 10 期)，是宋代揚州考古的又
一重要成果，此報告整理了 2003 年以來對宋大城遺址的發掘，涉及宋大城北
門主城門、甕城、北水門南段等遺址。它與上述關於宋大城西門遺址的發掘
報告一樣，對於認識宋代揚州城牆建設有重要參考意義。汪勃等整理的《江
蘇揚州市宋寶祐城西城門外擋水壩遺跡的發掘》(《考古》2014 年 10 期) 對揚
州宋寶祐城西城門西側的擋水壩遺跡發掘進行整理，指出揚州蜀崗古代城址
正對西城門處的城壕收窄，擋水壩始建於南宋晚期，是寶祐城西城門外兼具
擋水和城防功能的水利城防設施。這對於研究揚州城市建設及性質有參考意
義。汪勃等整理的《揚州蜀崗古代城址北城牆東段發掘簡報》(《中國國家博
物館館刊》2014 年第 12 期)，是針對揚州蜀崗上古城北牆的一份考古報告，

簡報認為蜀崗北牆東段在六朝、唐、宋時期，均有維修，北牆東段的豁口與城門無關；這對於認識宋代揚州城牆建設及其結構布局有重要的參考意義，特別是對於認識唐子城東部城牆在宋代的修繕問題，有重要的啓示作用。中國社會科學院考古研究所等編著的《揚州蜀崗古代城址考古勘探報告》（科學出版社 2014 年）一書，對 2011 至 2013 年揚州蜀崗古代城址的勘探發掘進行了整理，是繼《揚州城：1987～1998 年考古發掘報告》一書之後，對揚州考古發掘的又一系統總結，對於認識揚州蜀崗舊城之城牆建設、城市布局等問題重要參考價值。中國社會科學院考古研究所等單位完成的《江蘇揚州市蜀崗古代城址西城壕 2013 年發掘簡報》（《考古》2015 年第 9 期），是關於蜀崗舊城西門城壕的報告，對於認識南宋時期蜀崗上城池建設的規模有一定參考意思。同由中國社會科學院考古研究所等單位整理的《江蘇揚州南宋寶祐城東城門北側城牆和東側城壕的發掘》（《中國國家博物館館刊》2015 年第 9 期），是針對南宋堡寨城及寶祐城東城牆的發掘報告。東城牆為南宋所首建，該報告對於認識南宋蜀崗上城池建設有重要參考意義。不過以上幾份關於南宋蜀崗上城址的考古報告中，往往將堡寨城的修築時間弄錯，以至於對相關發掘的解讀也與事實有偏差。

考古發掘可以為歷史研究提供重要的材料支撐，備受治史者所青睞。就唐宋揚州城考古而言，以上這些考古報告對研究此間揚州城市建設、空間布局、社會經濟等問題也有重要的輔助作用，這一點在上述關於宋代揚州城市研究的總結中已有一些體現。但就宋代揚州研究而言，這裡有兩點需要特別注意：一、以上研究對考古資料的利用，主要體現在城牆建設方面，所以對考古資料的利用尚不夠全面。這在一定程度上受到了研究主題的限制，隨著研究主題的拓展，這些考古資料還有待被更充分的利用。二、研究者由於對傳世文獻關注不夠或失於考辨，以至於對考古資料的解釋出現錯誤，直接影響到對宋代揚州城市建設及其規模的認識。這提醒我們在對宋代揚州考古資料進行解釋時，也需要對傳世文獻有正確地把握。

三、關於宋代揚州文化、景觀、軍事等方面的研究

除去以上經濟、城市方面的研究以外，關於宋代揚州還有其他方面的一些研究，主要表現在城市文化、城市景觀與意象、軍事地理等方面，由於此類研究的數量並不算多，故今集中綜述於下。

　　文化方面。廖咸惠《唐宋時期南方后土信仰的演變——以揚州后土崇拜爲例》（〈臺灣〉《漢學研究》第 14 卷第 2 期，1996 年 12 月）一文關乎揚州宗教，其在探討唐宋時期南方后土信仰的演變過程時，特別以揚州后土崇拜爲例，探討了唐宋時期揚州地方信仰的一個方面，而當時地方與中央的互動關係及其影響也可據此窺測一斑。米壽江對宋代揚州的外來宗教文化進行了研究，他在《揚州早期的穆斯林與伊斯蘭教東傳》（《世界宗教研究》1999 年第 2 期）一文中指出，宋代揚州雖然對外交通的優勢減低，但伊斯蘭教的影響並沒有消失，阿拉伯和波斯的穆斯林商人還是曾在此的活動，只不過較以前稍爲平靜而已。丁家桐《大宋文治鑄造揚州》（《揚州日報》2010 年 5 月 6 日第 T01 版），通過對活動於揚州的宋代著名人物的例舉，說明了士人流動對揚州文化發展的重要意義。

　　城市景觀與意象方面。嚴浩偉《唐詩宋詞中的揚州城市意象》（《安徽文學》2008 年第 2 期）一文，通過對《全唐詩》與《全宋詞》的梳理，認爲與唐代詩人對揚州「橋」、「明月」、「蕭」等城市符號的描寫相比，宋代詞人在繼承這些城市符號的基礎上，創造出「揚州夢」這一新的城市意象；唐詩和宋詞中揚州意象實際上是一致的；揚州城市意象的形成，經歷了由唐至宋一個相當漫長的歷史過程；唐詩初步確立了繁榮富庶的揚州城市意象，宋詞卻背離了當時揚州的社會現實，從側面對揚州意象進行了強化。由於對數量更多，內容更多樣化的宋詩沒有涉及，所以該文的論述顯得過於簡單化。「揚州夢」的形成過程及內涵爲何，仍然有待進一步地考察。景觀研究中，對揚州平山堂的關注較多。田漢雲、蔣鴻青《人文景觀的形成與文化精神的傳承——試論揚州古蹟平山堂》（《揚州文學》2007 年第 6 期）一文，將歐陽修的個人經歷與當時的社會風尚相結合，探討了平山堂修建的原因及平山堂的文化意義。崔銘《雅興、豪情與生命的喟歎——平山堂之於揚州的意義》（《揚州大學學報》（人文社會科學版）2012 年第 1 期）一文，以揚州平山堂爲例，探討了宋代士大夫的精神生活，也考察了平山堂對於揚州城市文化、城市品位的象徵意義。程宇靜《揚州平山堂歷史興廢考述》（《揚州大學學報》（人文社會科學版）2014 年第 3 期）一文，考察了宋代揚州平山堂的建置及其歷次修補經過，並分析了平山堂的功能作用。由於是通論性質，所以相關問題並未展開，所論不夠全面與深入，特別是對平山堂功能的界定，有進一步商討的餘地。程傑的《揚州梅花名勝考》（《鹽城師範學院學報》（人文社會科學版）

2008 年第 2 期）與吳灄嘉的《揚州瓊花文化探析》（《文學教育》2013 年 1 月），
分別探討了揚州梅花與瓊花意象的形成過程。蘇芳於將文學書寫、城市盛衰
及歷史變遷三者相結合，其在《不負廣陵春：物種爭議與書寫演變下的宋代
瓊花論述》（（臺灣）《東華中國文學研究》，2006 年 9 月）一文中，認爲瓊花
與揚州緊密聯結，瓊花不僅是揚州的代表性植物，更與揚州城市的歷史變遷
相關聯，瓊花的生死象徵著揚州城市的興衰。

軍事方面：邢東升《宋初淮南之戰地理新解》（《歷史教學》2009 年第 2
期）一文，對北宋初揚州的軍事地位進行了分析，認爲地理環境演變對周宋
之交的揚州城攻守形勢具有重要作用，一方面長江北岸的南移運動使得揚州
戰略地位空前重要，一方面揚州城址的空間變遷使得揚州成爲難防易攻之
地。揚州城的攻守形勢是淮南之戰戰前形勢的組成部分，對於戰略部署、戰
役進程與結局具有重要影響。劉譜《南宋兩淮地區的地理環境與宋金戰爭》
（《宋史研究論叢》2011 年 12 月）一文，考察了揚州在南宋禦金對峙中的重
要戰略地位。認爲揚州是南宋在淮南東路的重要防禦點，只有保證揚州安全，
能使淮東及江南得以安穩。與此同時，揚州對金國同樣重要，建炎三年完顏
宗弼自江南撤軍，依然將大撲留在揚州，爲揚州都統，經略江淮一帶。

以上是關於宋代揚州研究的綜述，主要集中在以揚州爲主題或非以揚州
爲主題但分專節討論揚州者。實際上除此之外，還有三類研究，因爲不是以
揚州爲主題，故而並未呈現出來。第一類是關於宋代城市與經濟等方面的宏
觀論述。此類研究往往能爲宋代揚州研究提供整體上的參照；其尤可注意者，
研究中徵引之實例，往往有涉及揚州者，更能凸顯出個案與整體之間的互動
關聯。第二類是明清以來關於揚州的考述，特別是清人關於揚州景觀、水利、
人物的考證，所在多有。由於這一部分研究，與近代以來的論文，體例有別，
而且往往內容繁雜，若盡數納入綜述，勢必枝蔓。第三類是關於其他主題的
研究，論述中有簡單涉及宋代揚州者。這類研究間或有之，基於本文的研究
主題，也會適當關注。以上三類研究，雖然並未納入綜述，卻不可忽視，尤
其是第一、二類，數量較多，也甚爲重要。研究中如對其有借鑒與回應，將
一併在正文中出現。

四、對現有研究的反思

現有關於宋代揚州的研究，主要集中在經濟及城市兩大塊，其他領域或

有涉及，但具體的研究成果並不豐富。包偉民《唐宋城市研究的學術史批判》（《人文雜誌》2013 年 1 期）一文對近一個世紀以來的關於唐宋時期的城市研究做了回顧，文章在涉及個體城市研究的部分提到了揚州，認爲「唐宋揚州城市研究的總體水平提高到一個新的水平」。但其雖謂唐宋時期，重點實在於唐代揚州，因其引徵的關於宋代揚州的研究論著相當有限。事實上，根據他的總結，現有關於揚州的研究，多集中在辨析唐宋揚州興衰的原因、城市考古方面，水利、商業偶有涉及。這與上面的綜述大體上是一致的。所以雖然唐宋時期揚州城市研究在整體上有進步，但關於宋代揚州，相對全面且深入的歷史研究，仍然顯得不夠充分。

　　雖然現有的研究成果有限，對其總結、反思則仍有必要。就經濟研究而言，有兩個方面值得注意：一是研究者主在探討宋代揚州經濟衰落的原因。這一方面的研究比較豐富，研究者從港口、戰爭、經濟重心等不同的角度，對這一問題所給出的解釋，在不同程度上都有一定的說服力。但考慮到趙宋王朝的立國背景及其軍政方針，這些分析仍然顯得片面，甚至忽視了當時的某些重要歷史背景；至少政區地理這樣一個影響宋代揚州盛衰的重要因素沒有受到足夠的重視。畢竟宋人言說中的揚州與唐人筆下的揚州已所指非一，政區變動對揚州經濟的影響同樣不可忽視。而且宋室南渡以後，軍政地理有重大的轉變，這對揚州經濟社會的發展、城市的建設有直接而重大的影響，決不能忽視。全漢昇、梁庚堯等先生對地理因素雖已稍有涉及，但論述時的主題並不突出。二是對宋代揚州經濟之具體表現的研究相當不足，雖然近來部分學者已經開始強調宋代揚州經濟發展的一面，但實證性的考察尚未及展開。宋代揚州的經濟雖然衰落，但仍然有它的具體表現形式；而且在北宋一百多年的安靜環境裏，不能說沒有一定程度地恢復。更爲重要的是，若研究僅僅限於探討興衰的原因這一層面，則遠非經濟史研究的全部內容。宋代揚州經濟這一研究現狀，與針對宋代除都城開封、杭州以外的其他江南城市的研究形成了鮮明的對比。作爲運河沿線的重要城市，這一研究缺陷，不利於我們從整體上把握宋代城市的基本特點。

　　就城市而言，現有關於宋代揚州城的研究，主要是圍繞考古資料而展開。由於材料的特殊性，這些研究多集中在揚州城的城牆形制、規模、功用以及唐、宋、明三朝揚州城的城址沿革。特別是唐、宋、明三朝揚州的規模及城址沿革，現有的研究基本已經澄清這一問題，但隨著考古發掘的相繼展開，

對相關問題的認識似乎需要做適當的修正，如寶祐城的規模問題、平山堂城的歸屬問題等等。總結地說，這些研究還有不足之處，大體表現在以下兩個方面：一、主要集中在揚州城市外圍的城池建設，以至於對宋代揚州城的內部建設及其空間布局關注不夠，而城市內部的建設與空間布局與城市的軍政地位、城市文化、城市社會生活均有重要的關聯，其意義不可忽視。二、對城池建設的探討，主要以考證歷史事實的形式出現，未能將此等事實結合當時的歷史背景，進行系統的闡釋；這一舉措對於認識當時的軍政動態以及中央與地方的關係，均有重要的參照作用。

關於宋代揚州經濟、城市以外的其他方面的研究，也不是很充分。雖然現在可以看到的研究主題還算廣泛，但就本選題擬研究的方面而言，見存研究對諸問題的探討尚不夠全面、深入。一方面對揚州景觀的探討主要集中在平山堂，其他景觀則少有涉及，更沒有從整體上考察宋代揚州的景觀分佈及其與城市性質之關係；另一方面，對宋人在揚州的活動關注不夠，整個城市研究中對人的關注太少，而宋人的揚州印象，恰恰是觀察宋代揚州最為直接和有效的一個視角。所以宋代揚州的景觀建設與宋人活動，正是本文擬研究的重要主題。

在今人對宋代城市研究相對成熟的背景下，對宋代揚州的研究，表現出如上特點，是由什麼原因造成的呢？在反思研究現狀的過程中，這一問題也不能忽視。中晚唐至於明清這一長時段的歷史中，宋代揚州處於相對衰落的位置。這是大概原因之一，因為研究者更傾向於把目光投向昌盛的時期與繁華的都市。除此之外，以下幾點在不同程度上應當都產生過一定的影響。首先是宋代揚州方志資料的缺乏。至宋代，地方志的修撰及其體例已比較完備，揚州一地的宋代方志有紹熙《廣陵志》、嘉泰《廣陵續志》、寶祐《惟揚志》三種。但這些方志早已散佚。《宋史・藝文志》與《文獻統考・經籍考》只注錄有紹熙《廣陵志》，而明嘉靖年間修志時，也有「惟揚故有志矣，時淹跡改，非完書」（嘉靖《惟揚志》崔桐敘）之歎。現存最早且相對完備的揚州方志，是明嘉靖年間盛儀輯撰的嘉靖《惟揚志》，該志雖保留了部分宋代揚州史料，但畢竟是明人所修，關於趙宋一朝揚州的內容並不詳盡。且該志三十八卷，今存僅十八卷，已非完帙。明代另有楊洵、陸君弼等人所修萬曆《揚州府志》，清人雖先後數次修撰《揚州府志》，但往往延續既往成果，就宋代揚州研究而言，其在史料價值上仍然有一定缺陷。與宋代揚州研究形成對照，關於宋代

蘇州、寧波等城市的研究相對比較豐富，這在一定程度上與此類城市有宋代方志資料見存不無關聯。特別是宋代寧波，更是近來研究的一個熱點城市。

其次是區域研究的局限性。方志資料的缺乏，並不是宋代揚州研究薄弱的唯一原因。唐代揚州、宋代的泉州、廣州等城市，同樣沒有方志見存，但仍然有比較集中的研究。這裡就引出了宋代揚州研究比較薄弱的第二個影響因素，即區域研究的局限性。江南城市與社會是近年來的一個熱門研究主題，雖然學界對江南所指涉的地理空間有多種界定，但無論哪一種，揚州至多只能算得上是「江南」邊緣的一個城市。這是晚晴以降的概念；實際上唐代以降，揚州始終是被當成江南來看待的。〔註2〕但受晚晴以降關於江南概念的影響，今人無論是關於江南的城市與社會的整體論述抑或個案研究，揚州都不太容易受到研究者的青睞。梅新林、陳國燦在《江南城市與社會研究叢書·總序》中，對相關研究從「長時段研究」、「斷代研究」及「個案研究」三個方面進行了回顧。〔註3〕該序的總結容或不夠完整，但主要的成果都有涉及，從中我們可以大體感知，宋代揚州在個案研究中並不是重點，長時段的研究，也少有關涉宋代揚州者。總而言之，揚州顯然在「江南城市與社會」的論述之外。

第三是東南部城市的發展。上面在回顧宋代揚州經濟研究的時候，提到韓茂莉先生的觀點，她認爲宋代揚州的衰落與經濟重心的南移有關聯。這個說法將區域發展與整體經濟相關聯，頗具啓發性。其實隨著經濟重心的南移，東南一帶在宋代得到進一步的開發；伴隨著對外交往中的進一步推進，宋廷在沿海重要城市如泉州、廣州設立市舶司，這是經濟社會發展很重要的一個平臺。所以相比北方城市，它們在某種程度上表現出更多的活力。在這些東南沿海城市發展的映襯下，揚州多少顯得遜色。這也是一個不應該忽視的影響因素。

最後必須指出，以上幾個方面是互相關聯的，很難說其中某一個因素能起到決定性的作用。宋代揚州研究顯得薄弱，是多種因素共同作用的結果。

〔註2〕　參看周振鶴：《釋「江南」》，載《中華文史論叢》第49期，上海古籍出版社，1992年，第141～147頁。

〔註3〕　可以參看劉麗《7～10世紀蘇州發展研究》之「總序」，中國社會科學出版社，2013年。按，劉著係陳國燦主編的《江南城市與社會研究叢書》之一。張劍光先生在其關於唐代江南城市研究的系列論文中，也未將揚州納入討論的範圍之內。

這些因素有時間流逝導致的缺陷，如缺乏方志等資料導致的「文獻不足徵」；也有人爲因素造成的限制，如區域研究中的「畫地爲牢」以及對新興地域的選擇等等。總而言之，宋代揚州研究有待進一步的深入。只有深入區域、城市內部，從多個方面作細緻的考察，才能對宋代揚州有更清晰而具體地認識，亦能爲宋代城市乃至於區域研究提供一個比較特殊的案例。職是之故，茲參照以上對研究現狀的總結與反思，對本選題的研究思路與方法稍作解說。

第三節　擬研究的思路與方法

宋代揚州的研究現狀、局限及其成因，已分析如上。如何克服現有的缺陷，是必須正視的問題。上面的限制因素大致可以分爲後天人爲與歷史客觀兩個方面。只要我們拋開地域局限、關注衰落時期，更新解釋的角度，則後天人爲的因素自然不會有任何限制。關於宋代揚州，客觀上的史料缺陷固然存在，但除方志以外，現存的宋代文獻，特別是在《宋會要輯稿》、宋人文集、筆記中，仍然可以搜羅到不少關於當時揚州的資料，涉及的方面也比較廣泛。不但如此，宋代揚州考古資料的發掘，也填補了傳世文獻上的部分空缺，甚至能夠提供更爲確鑿的歷史證據。所以綜合來說，只要細緻搜羅相關資料，在此基礎上進行嚴密的考證與合理的闡釋，對宋代揚州應該會有更爲清晰而具體地認識。在全面搜集與整理完相關史料後，本選題擬進行以幾個方面的研究工作：

對宋代揚州的城池建設做系統的考證與闡釋。城池建設是城市屬性的一個具體反映，在宋代強化中央集權的背景下，地方城池建設相對更爲謹愼。對揚州城池建設的考察，首先系統考訂城池建設的時間與主事者，與此同時也將城池建設與當時的軍政背景聯繫起來，藉此觀察宋廷修城政策的調整、揚州城市屬性的轉變、中央與地方的互動關係等等問題。由於關於宋代揚州城池建設的考古資料先後發表，且問題較多，所以研究中也注意對考古資料的考辯。

考察宋代揚州的政區沿革。政區的變動，時而有之。一般認爲唐宋時期是古代中國歷史的重要轉變階段，所以此間的政區變動，在一定程度上也體現著特殊的意義。就揚州而言，唐宋時期的揚州，其具體所指已大有不同，釐清此間的差異，是考察兩個時期揚州經濟社會發展狀況的基礎前提。本文

的研究，在系統梳理揚州政區沿革的基礎上，著重考察宋代揚州政區變動的具體表現，總結趨勢、分析成因、追究影響，進而對宋代揚州較唐代鼎盛時為衰落的原因再做探討。

對宋代揚州經濟的發展狀況做比較系統地考證。以往關於宋代揚州衰落的認識，是從宏觀層面的整體把握。實際上，宋代揚州雖然相對衰落，但入宋以後，在相對和平的環境裏，社會經濟有相當程度的恢復，且仍然有其具體的表現形式。對宋代揚州經濟的認識不能僅僅停留在宏觀層面的狀態描述，更需要進入微觀層面做實證性的考訂工作。本文關於揚州經濟的考察，主要就宋代揚州的人口狀況、農田水利、商業經濟等幾個方面展開。

以上三個方面，是對宋代揚州基本面相的考論。這種面相在揚州城市發展史上有何特殊的意義，則需要放到長時段的歷史比較中進行觀察才可知曉。所以在具體的考論過程中，針對不同的問題，筆者將適當地向上追溯以及向下延伸，通過歷史性的比較，以期尋求兩宋時期揚州發展的特殊意義。

研究思路大體如上，實際操作的方法主要體現在以下幾個方面：一、實證性研究為基礎。由於首先是要呈現宋代揚州政區變動、經濟狀況、城池建設等方面的基本面貌，所以研究中，實證性的考訂所佔的比例甚大。廣泛收集相關史料，經排比梳理，仔細甄別其間的異同正誤，力求在基本史實方面提供客觀的考證結果。二、適度的闡釋與推論。考訂工作提供基本的史實，這些史實有何特殊或普遍意義，則需要進行適度的闡釋與推論。在這個過程中，針對不同性質的問題，主要是從個案與整體的異同、中央與地方的互動、長時段的歷史性比較等方面展開。除此之外，由於本研究涉及經濟、城市、社會等多個方，所以在具體的闡釋過程中，也會注意不同領域之間的互動及交叉學科之間的關聯。三、理論方法之借用。作為城市、經濟史研究，借用相關理的，對於解釋城市的社會經濟現象有重要意義。在借用理論的過程中，會注意理論的局限性與揚州的特殊性，儘量避免牽強附會。最後需要說明的是，論文第一章與第五章第二節，是主要針對揚州城市的研究，第三、四、五三章則主要是針對揚州區域而展開。但在具體考論過程中也注意城市與區域之間的互動關聯，第二章政區變動對經濟社會的影響即體現了這一點。概念上的區分至關重要，故略為解說如上。

第一章　宋代揚州的城池建設

中外學者對宋代城市型態與結構多有措意，相關成果已比較豐富。一方面對宋代城市發展的整體狀況與特色有整體地論述，另一方面針對單一城市的具體考證也比較豐富，以至於包偉民最近在總結唐宋時期城市研究學術史時，認爲「唐宋揚州城市研究的總體水平提高到一個新的水平」。〔註 1〕但實際上這一界定更適用於唐代部分，宋代揚州城的研究仍顯得相對薄弱。雖然隨著揚州城考古資料的不斷出現，唐、宋、明、清揚州城池規模的演變關係已經大致釐清，但這裡面仍然有相當多的誤識，有待進一步的考辯與澄清。職是之故，本章將集中探討宋代揚州的城池建設。分析過程中，更將相關問題放到當時軍政動態之大背景下進行觀察，進而考察揚州城市在宋代城市群體中的普遍性與特殊性。

第一節　揚州城池建設與宋廷關於修城的政策取向

一、入宋時的揚州城池概況

唐代揚州城由「子城」與「羅城」兩部分組成，其中子城位於蜀崗之上，地方主要行政機構皆治於此，故又稱「牙城」或「衙城」。羅城位於蜀崗之下，爲唐時興建，具體時間今無從詳考。李孝聰結合考古資料，據羅城形制特點，以爲羅城興建應該在「唐朝前期坊市制度施行的時代」〔註2〕，雖亦未指出確

〔註 1〕　包偉民：《宋代城市研究》，中華書局，2014 年，第 9 頁。
〔註 2〕　李孝聰：《唐代城市的形態與地域結構》，收入《中國城市的歷史空間》，北京大學出版社，2015 年，第 81～82 頁。

切時間，但頗具啓示性。一種觀點認爲五代時期，揚州城受戰亂的影響而成爲廢墟，[註3] 陳雙印對此觀點提出異議，認爲晚唐以來的戰爭雖然對揚州城造成一定程度的破壞，但揚州城池尚未淪爲廢墟。五代時期，揚州城不但存在，並且城市經濟有一定程度的恢復。相交而言，陳氏的觀點更爲接近實際。但其認爲揚州城在南唐保大十五年「徹底毀滅」[註4] 則又顯得言過其實。無論如何，既然五代末期後周與南唐之間的戰爭，對揚州城池有重要的影響，是此後宋代揚州城址與整體布局變動的重要背景，則對其應稍作考察。

蜀崗「揚州焚蕩」之事，發生在顯德四年（957）十二月（即南唐保大十五年）。當時後周遣鐵騎左廂都指揮使武守琦攻揚州，南唐主李璟以遂「悉焚揚州官府民居，驅其人南渡江」。[註5] 這裡最值得注意的是「悉焚揚州官府民居」一句，上面提到唐五代時期揚州有子城與羅城之別。其中子城是行政機構的所在地，而羅城是隨著商業經濟的發展而興建起來的，揚州居民區集中於此。所以此間揚州的行政區與居民區有一定程度的分離。[註6] 李璟即將「官府」與「民居」悉數焚去，則此次揚州城遭受的毀滅程度是相當大的。考古人員在發掘唐五代羅城遺址時，發現羅城範圍內，普遍都有一層深 3.2～3.9 米，厚 0.2～0.3 米的紅燒土堆積層，認定其年代爲晚唐五代時期，並引李璟焚城以爲例證，[註7] 不是沒有道理的。

後周取下揚州以後，世宗於顯德五年（958）二月「丁卯，駐蹕於廣陵，詔發揚州部內丁夫萬餘人城揚州。帝以揚州焚蕩之後，居民南渡，遂於故城內就東南別築新壘。」[註8] 其「於故城內就東南別築新壘」之語，在《資治

[註3] 相關代表性論文如紀仲慶：《揚州古城址變遷初探》，《文物》，1979 年第 9 期；蔣忠義：《隋唐宋明揚州城的復原與研究》，收在中國社會科學院考古研究所編著《中國考古學論叢：中國社會科學院考古研究所建所 40 年紀念》，科學出版社，1993 年；李裕群：《隋唐時代的揚州城》，《考古》，2003 年第 3 期。

[註4] 陳雙印：《五代時期的揚州城考》，《中國歷史地理論叢》，2005 年第 3 輯。

[註5] 司馬光編著：《資治通鑑》卷二百九十三，後周顯德四年十二月庚午條，中華書局，2011 年，第 9707～9708 頁。《舊五代史》卷一一七《周書八·世宗本紀第四》記李璟「遣兵驅擄揚州士庶渡江，焚其州郭而去。」可互參。

[註6] 李孝聰：《唐宋運河城市城址選擇與城市形態的研究》，收入《中國城市的歷史空間》，第 113～155 頁。

[註7] 中國社會科學院考古研究所等編著：《揚州城：1987～1998 年考古報告》第五章「蜀崗下城址內遺址的考古發掘」，文物出版社，2010 年，第 238 頁。

[註8] 薛居正：《舊五代史》卷一一八《周書九·世宗本紀第五》，中華書局，2015 年，第 1820 頁。

通鑑》中記爲「築故城之東南隅爲小城以治之」〔註9〕。此「小城」即後世「周小城」之名的由來；而關於「故城」，《資治通鑑》與《舊五代史》兩處記載皆比較含混，今人則根據考古發掘的結果逆推，以爲「故城」即是羅城。〔註10〕實際上「故城」更可能是就揚州城的整體而言，即焚毀後的揚州城，無需坐實其爲子城抑或羅城。〔註11〕何況羅城在唐五代時本是通名，宋人修史時未用，或即籠統而言耳。〔註12〕又，《宋史·韓令坤傳》記「世宗乃復幸淮右，次楚州，遣令坤率兵先入揚州，命權知軍府事。揚州城爲吳人所毀，詔發丁壯別築新城，命令坤爲修城都部署。」〔註13〕據此可知，後周修城是在韓令坤的主持下完成的，於故城東南築城是因爲舊城遭到破壞而採取的舉措。但顧祖禹在《讀史方輿紀要》中認爲韓令坤「以城大難守，築故城東南隅爲小城以治之」〔註14〕，則是爲「東南隅爲小城」提供了另外一種解釋；此後的志書多有因襲此說。〔註15〕然而清人「城大難守」之說，一方面不知所據，另一方面則頗與事理相違。蜀崗在揚州地勢爲高，正是防守要地，司馬光謂「凡北兵南寇揚州，率循山而來，據高爲壘以臨之」〔註16〕，其「據高爲壘」便是就蜀崗而言。所以從軍事守禦的角度來說，要避免所謂「城大難守」的問題，自然是於蜀崗上築城爲首選。後來南宋時期的諸種築城舉措便是基於

〔註9〕　司馬光編著：《資治通鑑》卷二百九十四，後周顯德五年二月戊午條，第9711頁。

〔註10〕　中國社會科學院考古研究所等編著：《揚州城：1987～1998年考古報告》第三章「蜀崗下城址的考古勘探」，第43頁。

〔註11〕　曲英傑《揚州古城考》一文中以爲「故城」是「唐至五代南唐時期揚州城」，亦即從整體上著眼。該文見《中國史研究》，2003年第2期，第55～69頁。

〔註12〕　入宋以後，隨著宋大城的修復以及蜀崗上城池荒廢程度地加深，才逐漸形成了蜀崗上、下城池的對比。胡三省在司馬光「築故城之東南隅爲小城以治之」後附注曰：「今揚州大城也。揚州古城西據蜀崗，北包雷塘。」其中「西據蜀崗，北包雷塘」是對唐代子城地理方位的描述，此城在北宋時期一直處在荒廢狀態。

〔註13〕　脫脫等：《宋史》卷二五一《韓令坤傳》，中華書局，1985年，第8832頁。

〔註14〕　顧祖禹撰，賀次君、施和金點校：《讀史方輿紀要》卷二十三《南直五·揚州府·廣陵城》，中華書局，2005年，第1114頁。

〔註15〕　如趙之壁編纂的《平山堂圖志》卷一《名勝上》（臺北成文出版社1983年影印光緒九年歐陽利見重刊本）及阿克當阿、姚文天纂修的嘉慶《重修揚州府志》卷十五《城池》（日本早稻田文庫所藏嘉慶十五年刊本），即持是說。

〔註16〕　司馬光編著：《資治通鑑》卷二百九十三，後周顯德三年四月甲子條，第9684頁。

這一考慮（詳見下文考論）。而且據考古發掘，蜀崗上子城周長爲 6850 米〔註 17〕，而周小城周長爲 10110 米（此是據宋大城周長逆推）〔註 18〕，後者顯然大於前者。所以「城大難守」之說似未可據。

後周爲何在羅城東南興建新壘，除以上舊有的兩點說明外，今人並未給出其他解釋。實際上此舉很可能是新形勢下，基於經濟與軍事雙重因素的綜合考量。羅城建在蜀崗下的沖積平原上，緊鄰運河，交通順暢，是商人活動的最便利處，因晚唐五代以來有突出的發展，才有築城之舉。〔註 19〕後周截取羅城東南部分修築「小城」，實際上正順應了經濟發展的趨勢。周小城東、南兩面城牆在唐羅城基礎上修補而成，與運河進入揚州後自西向東進而北折的流經相對應，西牆沿保障河東側展開，北牆外亦有護城河一條，後來稱爲潮河〔註 20〕，所以周小城整個城牆被運河、保障河等所組成的連貫水系所包圍。這無論是對於城市的軍事守禦還是水運交通而言，都是比較上乘的選擇。所以整體來說，在子城與羅城同遭焚毀的背景下，周小城的選址，一方面著眼於經濟與交通因素，充分利用了揚州城的水運優勢，另一方面也兼顧到了軍事防衛的需求，應當是一種綜合性的考量。

以上對晚唐五代時期揚州城池的一般狀況，作了簡要的梳理。茲將晚唐五代、宋初揚州的城池圖合而爲一（參圖 1－1），以資比較。整體來說，子城焚毀，羅城變「小城」，這是五代末期揚州城池的基本狀況，也是入宋時揚州城池的大致情形。宋代揚州的城池建設即以此爲基礎。

〔註 17〕 中國社會科學院考古研究所等：《揚州城考古工作簡報》，《考古》1990 年第 1 期，第 36 頁。

〔註 18〕 中國社會科學院考古研究所等編著：《揚州城：1987～1998 年考古報告》第三章「蜀崗下城址的考古勘探」，第 48 頁。

〔註 19〕 中國社會科學院考古研究所等：《揚州城考古工作簡報》，《考古》1990 年第 1 期；李孝聰：《唐代城市的形態與地域結構》，收入《中國城市的歷史空間》，第 81～82 頁。

〔註 20〕 實際上關於北面的護城河，宋代文獻不見記有具體的名稱。潮河之名是後來才出現的，又名柴河，見於清代方志。如嘉慶《重修揚州府志》卷三十「河渠」條記廣陵舊城「北濠即今之柴河」，而早期的雍正《揚州府志》則記「柴河在府城北三里，東通運河，西接市河，相傳爲舊城濠，南岸之基猶存。」所以考古文獻中的說法，當是一種「逆命名」。

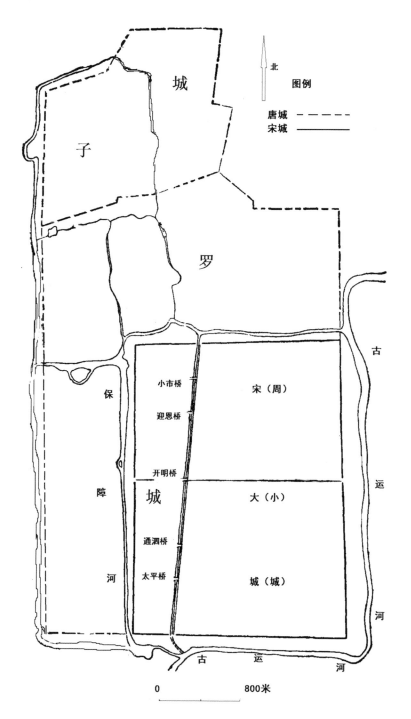

圖 1－1：晚唐、五代、宋初揚州城池比較圖

（據《考古》1990 年第 1 期，第 37 頁；第 7 期，第 609 頁附圖改繪）

二、二重證據：北宋揚州城池建設考

北宋時期揚州的城池建設，見存史料少有記載，有之，往往又語焉不詳。再加上從整體上講，北宋時期宋廷對城池建設的態度不甚積極〔註21〕，在這樣的背景下，一般認為北宋時期的揚州並無城池修建之重大舉措。成一農在前人研究的基礎之上，對宋代地方城市修城次數有進一步的統計，更是認為不修城牆的政策「與宋代相始終」〔註22〕。然而這種認識有相當的問題。趙宋政權在平定江淮以後，鑒於唐末五代以來地方勢力擁兵據城對中央政權構成威脅的事實，當時宋廷「令江、淮諸郡毀城隍，收兵甲，徹武備」，結果諸城「名為郡城，蕩若平地」〔註23〕。這是從整體上著眼，在實際層面，宋廷對待地方城池建設的態度因時、因地而異，不同城市對城池修建的需求又各有特點，未可一概而論。如淮南地區在太祖乾德二年（964）即有建安軍（後來之眞州）修城之舉。〔註24〕實際上早在加藤繁關於宋代城市的研究中，便已肯定了宋代州郡有築城的現象，而且自北宋時期即已存在，〔註25〕斯波義信、包偉民等人的後續研究於此也無異議。〔註26〕揚州作為江淮重鎮，在戰後其城池建設受到宋廷重視，有一定程度的恢復，甚至於在某些方面，北宋時期的城池建設還有開創之功。要之，北宋時期的揚州城池建設並非完全空白，細繹相關史料並結合考古報告，仍可從中找到一些蛛絲馬蹟。需要說明

〔註21〕 黃寬重在《宋代城郭的防禦設施及材料》（《大陸雜誌》第81卷第2期）一文中，認為北宋仁宗時期儂智高亂後，宋廷開始改變江南不修城池的政策。這種觀點，成一農在《宋元以及明代前中期城市城牆政策的演變及其原因》中給予反駁，認為即便是儂智高亂後，南方的城池建設亦不多見。成一農的說法建立在數據統計的基礎之上，大體可信。但成氏的觀點也過於絕對，同樣有商榷的餘地。詳下。成一農文收入中村圭爾，辛德勇主編：《中日古代城市研究》，中國社會科學出版社，2004年。

〔註22〕 成一農：《宋元以及明代前中期城市城牆政策的演變及其原因》，收入中村圭爾，辛德勇主編：《中日古代城市研究》，第146頁。

〔註23〕 李燾：《續資治通鑒長編》卷四十七，咸平三年十二月壬申條，中華書局，2004年，第1037頁。並參脫脫等：《宋史》卷二九三《王禹偁傳》，第9798頁。

〔註24〕 隆慶《儀眞縣志》卷之三《建置考》，上海古籍書店1963年景印天一閣藏明隆慶刻本。

〔註25〕 加藤繁著，吳傑譯：《宋代都市研究》，見《中國經濟史考證》，中華書局，2012年，第248～257頁。

〔註26〕 斯波義信曾統計宋代150座城市的城郭狀況，州縣城市築牆，在其中有清楚地體現。包偉民關於宋代城市的最新研究，亦有部分統計，觀點大體一致。見斯波義信著，方健、何忠禮譯：《宋代江南經濟史研究》，江蘇人民出版社，2011年，第270～283頁；包偉民：《宋代城市研究》，第71～101頁。

的是，北宋時期，蜀崗上的「古城」一直處在荒廢的狀態，下文討論的相關宋人的言說，主要是針對揚州州城宋大城而言的。

趙宋政權建立以後，後周時出鎮揚州的李重進，由於對宋太祖拒其入朝的舉措帶有猜忌，曾在揚州「招集亡命，增陴濬隍，陰爲叛背之計。」〔註27〕陴，即矮牆，所謂城垛子是也；隍，即城濠。李重進「增陴濬隍」的舉措雖然是爲防範趙宋政權而爲，但從城池建設的實際效果來看，此舉可視爲入宋以後揚州城池建設的第一次。南宋人追溯揚州城池建設的歷史即以李重進爲始，如王象之《輿地紀勝》卷三十七記：「郭棣知揚州，按考其素，以爲故城憑高，下臨四面。國初李重進始夷而改卜，今相距三十里。」〔註28〕因李重進之前，後周已有改築周小城之舉，所以王象之「李重進始夷而改卜」之說，似有不妥；但若就宋代揚州修城而言，李重進確是開頭之人。〔註29〕可惜文獻不足徵，此次城防建設的具體內容不得而詳。〔註30〕

揚州平定以後，宋太祖曾授意王贊整頓戰後揚州。史載建隆二年（961）七月：

> 命內客省使王贊權知揚州軍府事。贊乘舟以往，溺於閘橋。上嗟悼，謂左右曰：「是殺吾樞密使也。」贊嘗爲河北諸州計度使，五代姑息藩鎮，有司不敢繩以法。贊振舉綱維，所至發摘奸伏無所忌。上知贊可付以事，因使完葺揚州，蓋將大用之，而贊遽死。贊，觀城人也。〔註31〕

〔註27〕 李燾：《續資治通鑑長編》卷一，建隆元年九月己酉條，第 24 頁。按：趙普針對李重進的舉措，也有「繕修孤壘」之語，所言應該針對的是同一件事。見同書同卷建隆元年十月乙酉條，第 27 頁。

〔註28〕 王象之：《輿地紀勝》卷三十七《淮東路・揚州・景物下》「新舊城」條，中華書局，1992 年，第 1574 頁。祝穆《方輿勝覽》所記類同，可互參。見此書卷四十四《淮東路・揚州》「古蹟」條，第 797 頁。

〔註29〕 清代嘉慶《重修揚州府志》卷三十《古蹟一》謂「揚州大城，建炎三年知州郭棣築」，可謂一錯再錯。大城北宋時期既已存在，建炎修城不是在建炎三年，郭棣守揚州在南宋孝宗朝。詳見下文考述。

〔註30〕 李重進之亂平定以後，宋廷曾詔「應揚州城下役夫內，有死於矢石者，人給絹三疋，仍復其家三年，長吏倍加安撫。屍骼暴露者，仍令使臣收瘞。」此所謂「城下役夫」或有部分是築城之人。引文見《宋會要輯稿》禮四四之二四，第 3 冊，上海古籍出版社，2014 年，第 1707 頁。

〔註31〕 李燾：《續資治通鑑長編》卷二，建隆二年七月壬午條，第 51 頁。《宋史・王贊傳》所記，與此同。按：李之亮據萬曆《揚州府志》卷七《秩官志》之排名，認爲王贊權知揚州，事在建隆三年，當誤。又，王贊既已溺於途中，其

所謂「完葺揚州」，城池建設應該也是一項重要內容。無論如何，在平定揚州李重進之亂以後，宋廷對揚州的整頓很快便提上日程。王贊雖未能到任，但其後繼者應該也有類似的使命，這是可想而知的。

如果說王贊之例，還不夠明確地表明揚州城池建設得到一定程度的展開，那麼宋真宗咸平三年（1000）王禹偁（954～1001）的言說，則直接指出了揚州城池建設的迫切需要。王禹偁在《乞備盜疏》中說：

> 臣比在滁州，值發兵挽漕，關城無人守禦，止以白直代主開閉，城池頹圮，鎧仗不完。及徙維揚，稱為重鎮，乃與滁州無異。嘗出鎧甲三十副，與巡警使臣，穀弩張弓，十損四五，蓋不敢擅有修治，上下因循，遂至於此。今黃州城雜器甲，復不及滁、揚。萬一水旱為災，盜賊竊發，雖思禦備，何以枝梧。……今江、淮諸州，大患有三：城池墮圮，一也；兵仗不完，二也；軍不服習，三也。濮賊之興，慢防可見。望陛下特紆宸斷，許江、淮諸郡……漸葺城壁，繕完甲冑，則郡國有禦侮之備，長吏免剿略之虞矣。〔註32〕

「疏奏，上嘉納之。」宋太宗朝王禹偁曾先後出任滁州、揚州兩地守臣，其所言自有相當的依據。據此可見趙宋建國四十年以後，揚州的城牆仍相當殘破，這在一定程度上也反映出此前的修繕相當有限。類似這種狀況者也並非揚州一城而已，與王禹偁同時，田錫在咸平三年曾說「今諸處城池多不修築，壞垣填塹，往來如平地，萬一卒有盜起，逐處官吏何以固守？」〔註33〕這反映的是一般狀況，也體現出宋廷在城池修築方面消極的政策取向有其實際的影響。這裡需要注意的是，針對地方城防敗壞的現實，王禹偁疏中有「（地方守臣）不敢擅有修治」的言說，這種說法反映的是宋廷中央對地方城池建設的控制或限定。據劉敞（1019～1068）在《先考益州府君行狀》所記，針對河北一帶因工役擾民的現象，其父曾有「宜令城非陊頓，不得擅請增廣，河渠非可通漕省大費者，毋議穿鑿。當修城、濬渠者，雖能省功，亦不加賞」〔註34〕之言論。研究者從政績考核的角度，據此認為宋廷對地方上的城池建設有

權知揚州之事便有名無實，李氏於此並未注明，似有不妥。見李之亮：《宋兩淮大郡守臣易替考》，巴蜀書社，2001年，第2頁。

〔註32〕 脫脫等：《宋史》卷二九三《王禹偁傳》，第9798～9799頁。

〔註33〕 李燾：《續資治通鑑長編》卷四十六，咸平三年三月丁未條，第1005頁。

〔註34〕 劉敞：《公是集》卷五十一《先考益州府君行狀》，收入《全宋文》卷一二九五，第59冊，上海辭書出版社，安徽教育出版社，2006年，第385～393頁。

相當的限制，致使「州郡望風畏縮，無敢復議修城者。」〔註35〕但據劉敞所記，若剔除其中「加賞」的因素，地方守臣在城池建設中還是有一定的自主權。所以宋代城市城牆修建與否，與當時地方官員是否願意發揮一定的引導作用是有直接聯繫的。從這個角度來說，地方守臣在城池建設中的作用或者自主性也當給予相當的重視。這一方面是城池建設出現地域性差異的一個重要原因；另一方面也反映出宋廷宏觀政策的影響力可能有其局限性。就揚州城池建設而言，這一點在南宋時期表現比較突出。這在下文會有具體的考論，此處暫不詳及。

　　王禹偁關於揚州等地城池敗壞的言論，雖然得「上嘉納」，實際是否展開，甚至如何展開，見存文獻並沒有給出明確地交代。關於北宋揚州城池建設的最後記載，出現在靖康間。靖康二年（1127）四月二十五日（同年五月改元建炎），知揚州許份等狀請趙構即位於揚州，認爲「揚州之地控帶江淮，城壁新修，錢糧粗足，若聚兵西北，奉迎鑾輿，則舳艫輸挽，督促而上，足以饋師，而又南至金陵，東抵錢塘，一有緩急，可以據依，其爲順便，莫過於此。伏望大元帥大王深思長慮，決定至計，即日御眾治兵廣陵，份等謹當戮力協心，以佐大事。」〔註36〕許份知揚州在靖康間，所謂「城壁新修」當稍早於此，但也可能是許份任內的舉措。

　　以上是對北宋時期與揚州城池相關的史料的分析，接下來我們將轉入對揚州城考古資料的梳理。希望能結合這兩個方面的內容，更好地認識北宋時期乃至於整個兩宋時期揚州的城池建設。自上個世紀八十年代以來，揚州城考古取得了不少成果，相關考古報告相繼刊出，這些成果的主要內容彙集在《揚州城：1987～1998年考古報告》（文物出版社，2010年）、《揚州蜀崗古代城址考古勘探報告》（科學出版社，2014年）兩書當中。今據此並結合其他相關考古報告與研究，對其中關於北宋揚州城池建設的部分作一考察。

〔註35〕　鄧小南：《課績·資格·考察——唐宋文官考核制度側談》，大象出版社，1997
　　　　　年，第56～68頁。

〔註36〕　徐夢莘：《三朝北盟會編》卷九十五「靖康中帙七十」，上海古籍出版社，2008
　　　　　年，第704頁。同書卷一百三「炎興下帙三」有一份《批答許份乞幸揚州狀》，
　　　　　其中有「揚州號古都會，前江後淮，險固可恃，四方水陸，此得其中」之語。
　　　　　此雖爲宋廷爲駐蹕揚州而發出的輿論之辭，但對認識宋人對於揚州的一般印
　　　　　象，仍有一定的參考意義。

前面提到宋大城（以及周小城）的城牆走向與運河水道相對應，整個城市大體成規則的方形。考古發掘證明宋大城大體呈南北走向的長方形，其中南面城牆與北面城牆分別長約 2200 米、2150 米，東、西兩面城牆分別長約 2900 米、2860 米。〔註37〕周小城倚唐羅城東南隅而興建，所以城之北牆與西牆皆為新創。考古人員通過對宋大城西城牆中段、明代揚州州城西北角的發掘，指出該處「宋城牆直接建在唐代的地面上」，此地面是唐五代揚州羅城內部地面，且上面「堆積大片紅燒瓦礫」。這一現象值得注意，據此可知入宋之時，周小城本不夠完善，所以至少宋大城西牆中段的修建不得不從頭開始。事實上後周韓令坤修城，時間倉促，隔年後周便為趙宋取代，韓氏所修之城最終不能盡善，是可以理解的。我們雖然不能指出此段西牆修築的確切時間，但其直接唐五代羅城地面，且裏面有大量紅燒瓦礫（前以指出，此在相當程度上是五代後期李璟焚城所導致），則其為北宋時所建，殆可斷言。所可注意者，宋大城西牆諸處厚度並不均勻。上面提到的明州城西北角處的宋大城中段牆基寬約 7.9 米，有馬面處則厚 15 米左右〔註38〕，但偏南的宋大城西門處，只城牆厚度即達 15 米〔註39〕。這樣的設計體現出城門位置的重要性。唐代羅城四面城牆厚度在 9～11 米之間〔註40〕，兩相比較，可知北宋時期在設計宋大城新城牆的厚度時，並沒有完全按照唐時的城牆標準。而據考古勘測，五代時期周小城的西城門兩側的城牆厚度正是 15 米，這就證實了宋大城與周小城之間前後相繼的關係。

但本小節所要強調的是北宋時期有相關城池建設的舉措，亦即宋大城在繼承周小城的同時，也有相應的改造，這在宋大城西門上有一定程度地體現。據考古報告，入宋以後，宋大城西「城門地面在原五代城門地面基礎之上墊

〔註37〕 中國社會科學院考古研究所等：《揚州城：1987～1998 年考古報告》第三章「蜀崗下城址的考古勘探」，第 48 頁。中國社會科學院考古研究所等單位在《江蘇揚州宋三城的勘探與試掘》中認為宋大城「南北長 2900 米、東西寬 2200 米」，蓋取成數耳。詳參《考古》1990 年第 7 期，第 608 頁。

〔註38〕 以上考古信息，參中國社會科學院考古研究所等：《揚州城：1987～1998 年考古報告》第四章「蜀崗下城牆的考古發掘」，第 91 頁。

〔註39〕 中國社會科學院考古研究所等：《揚州宋大城西門發掘報告》，《考古學報》1999 年第 4 期，第 495 頁；又參《揚州城：1987～1998 年考古報告》第四章「蜀崗下城牆的考古發掘」，第 104、107 頁。

〔註40〕 相關考古分析，參中國社會科學院考古研究所等：《揚州城：1987～1998 年考古報告》第三章「蜀崗下城址的考古勘探」，第 51～59 頁。

高 0.6～0.7 米。城門洞壁和門口前臉做過改建」，如在洞壁的牆基壁下墊土襯石。值得注意的是，考古人員在清理西城門門道時，發現「至道元寶」（太宗至道元年鑄）、「景德元寶」（眞宗景德間鑄）、「天聖元寶」（仁宗天聖元年鑄）、「皇宋通寶」（仁宗寶元二年鑄）〔註41〕等銅錢，則太宗、眞宗、仁宗三朝在宋大城城池建設方面很可能有相應的舉措。上文在分析宋代文獻時，曾引用了咸平三年王禹偁等人關於揚州城池的言說，正發生在至道之後、天聖之前，大可與此考古資料互參，以更好認識北宋時期揚州城池建設的情形。

　　宋大城西城門不但內部有修整，外部更有加固，最突出的表現是甕城的創建。唐五代時期的羅城以及周小城四面城門之外並未修建甕城，宋大城甕城的創建是北宋時期揚州城池建設的重要舉措，並且在南宋時期有進一步擴展。宋大城西門甕城在修建時，借用了西門南北的馬面，所以修築甕城大體上是以馬面爲基準，在西城牆外修一面與西牆平行的城牆。據考古發掘，這面甕城牆的主體部分南北長 49.8 米，厚 10 米，其中與南北馬面交接的部分更厚一些。在此牆中部偏南位置，設有甕城門，門道長度與城牆厚度等同，爲 10 米；寬 4.7 米。這樣周小城西門的「凹」字形機構逐變成「凸」字形結構（參圖 1－2、圖 1－3）。〔註42〕考古人員認爲甕城修建是北宋靖康亂後的軍事舉措，見存文獻關於北宋晚期的修城記錄，只有前文提到的許份在靖康間的言說，這兩者之間似乎有一定的對應關係。然而在甕城內的暗溝裏發掘出「元符通寶」一枚，這條暗溝在甕城內靠南側城壁下，沿原馬面向西通向甕城門道。考古人員認爲這是爲排泄甕城內雨水而設置的，這種推測比較合理。既然暗溝是爲甕城排水而設，則當與甕城的修建同時先後，所以暗溝裏面的「元符通寶」指示出甕城的修建，有可能在哲宗末期已經完成。

〔註41〕　關於這些錢幣的鑄造，參考了彭信威《中國貨幣史》第五章「兩宋的貨幣」，上海人民出版社，2007 年，第 293～294 頁。

〔註42〕　以上關於西城門的考古資料，參中國社會科學院考古研究所等：《揚州宋大城西門發掘報告》，《考古學報》1999 年第 4 期，第 487～517 頁；《揚州城：1987～1998 年考古報告》第四章「蜀崗下城牆的考發掘」，第 102～110 頁。

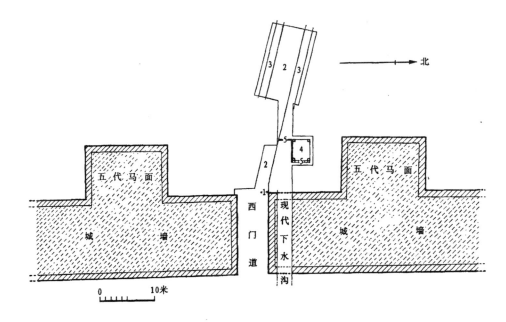

1. 石門坎　2. 鋪磚露道　3. 鋪磚便道　4. 房屋遺迹　5. 暗沟(1-5为北宋遺迹)

圖1-2：五代及宋初西門平面圖

（採自《考古學報》1999年第4期，第490頁）

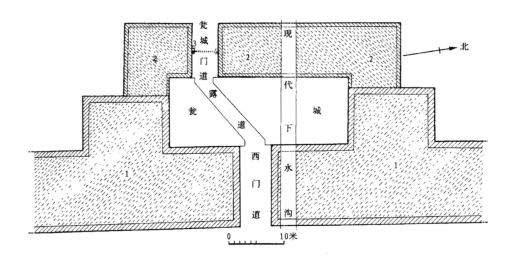

1. 五代城墻　2. 北宋甕城墻　3. 門砧石

圖1-3：北宋晚期宋大城西門及甕城平面圖

（採自《考古學報》1999年第4期，第493頁）

　　除西門外，宋大城北門的考古發掘也值得注意。2012 年發表的宋大城北門遺址發掘報告，對北門主城門、北門甕城以及北水門南段的情況作了基本介紹。考古人員通過分析遺跡之間的疊加關係，認爲主城門門道內壁可分爲 I ～ III 期，主城門內的道路，分爲 I ～ IV 期。北門外亦有甕城，其中甕城東牆寬約 13.6 米；甕城西牆寬約 15.6 米；甕城北牆長 52.6 米，寬約 14.6 米。甕城門開在甕城東牆，東西走向，長度與東牆寬度一致，爲 13.6 米，門道由內到外成喇叭形，寬度在 4.2～5.3 米之間。三面城牆皆中間夯土，兩側包磚（參圖 1-4、圖 1-5）。雖然北城門及其甕城的發掘相當零散，考古人員仍然對相關部位的時代做了推定，其中第 I 期門道邊壁，爲第一期遺存；甕城門內露道下的門砧石、甕城北牆南部、甕城北牆西側下部爲第二期遺存；第 II 期門道邊壁，第 I 期道路、第一處門限石、甕城內露道、近甕城門南壁門砧石及滑槽石、甕城門內出城露道等爲第三期遺存。並根據揚州城池建設的用磚規格、修砌方法以及黏合劑的使用，認爲甕城早期的包磚屬於北宋時期。這種推測比較合理。所可注意者，考古人員最後將上面提到的三期遺存，與五代及兩宋時期關於揚州城池建設的史書記載對號入座，認爲第一期遺存屬於後周韓令坤修築的周小城北門，第二期遺存屬於李重進所築宋大城北門，第三期遺存屬於南宋時期。〔註 43〕這種兩相對照的做法是可取的，但這些遺存能否與史書記載完全一一對應，則不能不相當謹愼。特別是將第二期遺存歸結於宋初李重進築城，則完全忽視了咸平間以及北宋末期關於揚州城池建設的言說與實際舉措。第二期遺存主要涉及甕城牆及城內露道，若如考古人員所推定，則宋大城北門甕城在趙宋開國之初即已修成。這與宋大城西門甕城大體成於北宋晚期有相當的時間差距。如前文所述，考慮到宋初李重進修城時間短暫，再結合相關史料記載，甕城的修築恐怕還是定在北宋晚期比較合理。〔註 44〕

〔註43〕　以上關於考古資料的部分，參考了中國社會科學院考古研究所等：《江蘇揚州市宋大城北門遺址的發掘》，《考古》2012 年第 10 期，第 25～51 頁。其實該報告本分有六期遺存，因爲此小節主要討論北宋時期的部分，故而上文並未將剩餘的四、五、六做全部的說明。這裡要說的是，該報告第 50 頁對於南宋時期揚州城池建設史料的徵引，不乏疏忽之處。關於這一點，在下文中還會有所說明。

〔註44〕　汪勃曾根據揚州考古發掘中的城磚，推定宋大城的北門甕城始建於北宋時期，但並未指出確切的時間。其說參見《揚州城遺址唐宋城磚銘文內容之研究》，收入《江淮文化論叢》，文物出版社，2011 年，第 156～176 頁。

　　除以上西門與北門的相關考古資料外，涉及宋大城南門與東門的相關考古資料與研究，也爲北宋修城提供了重要的佐證。關於揚州大城南門遺址的發掘報告，認爲北宋初期擴建了與南水門相關的設施，後來較大規模的修建，使得南門在形制上發生了較大的變化。其中新修建了主城門、甕城門、鋪磚露道，甕城內外的地面均被抬高 8 米或 8 米以上。〔註45〕而且修補城牆時並未完全沿用舊基，城門附近牆體有向外擴張加寬的痕跡。〔註46〕關於宋大城東門的考古報告，認爲北宋時期，宋大城的東城門邊壁、城牆及馬面，皆有修繕痕跡。〔註47〕凡此之類，皆表明北宋時期揚州的城池建設並非完全空白。通過梳理關於宋代揚州城的考古報告，可知考古工作者往往將考古發現與見存史料中記載詳盡者進行對比分析，甚至對號入座。此舉受到文獻條件的限制，自可理解；但在沒有確切證據的條件下，過於強調二者的一一對應則顯然相當危險。北宋時期的城池建設也應當受到注意，這是以上雙重考證所提示的。特別是士人關於城池建設的言說，基於現實的考量，宋廷往往會將其付諸實踐。這就涉及到宋廷關於修城的態度以及影響修城的諸種因素等問題。對此稍加梳理，將有助於我們更好地理解北宋時期揚州的城池建設。

〔註45〕　中國社會科學院考古研究所等：《江蘇揚州城南門遺址發掘報告》，《考古學集刊》（第 19 集），科學出版社，2013，第 387～390 頁。

〔註46〕　王勤金：《揚州古城南門遺址的發現與發掘述要》，《揚州師院學報》（社會科學版），1986 年第 2 期，第 116～117 頁。汪勃在分析宋代揚州修城的用磚時，認爲北宋時期揚州州城南門的「修繕或修建較多」，南門甕城牆及城門在北宋時期亦有修補。參見《揚州城遺址唐宋時期用磚規格之研究》，收入《江淮文化論叢》（第二輯），文物出版社，2013 年，第 10～11 頁。按，作者在該文中又認爲「宋大城始建於後周顯德五年，增修於南宋建炎三年」，這種說法顯然與事實不相符合。

〔註47〕　中國社會科學院考古研究所等：《揚州唐宋城東門遺址的發掘》，《考古學集刊》（第 19 集），第 329～334 頁。

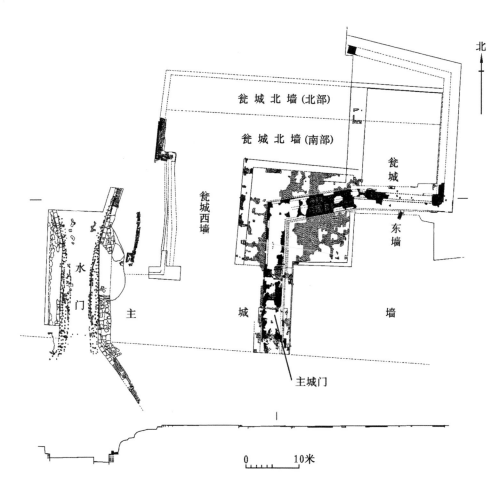

北

瓮城北墙(北部)

瓮城北墙(南部)

瓮城西墙

瓮城

东墙

水门

主

城

墙

主城门

0　　　10米

圖 1－4：宋大城北門遺址平、剖圖

（採自《考古》2012 年第 10 期，第 28 頁）

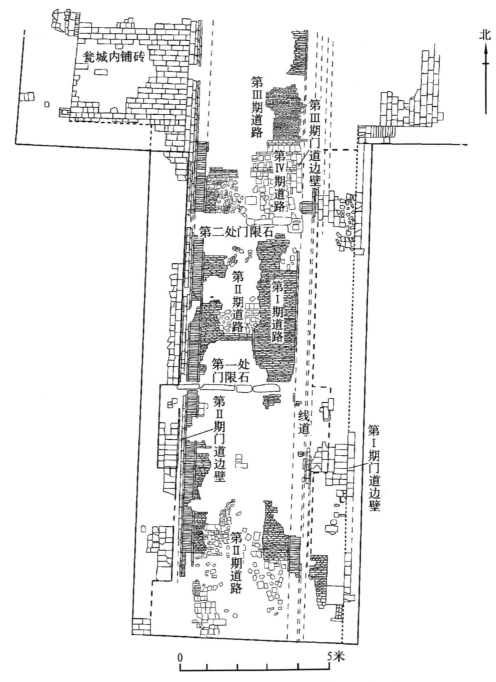

圖 1－5：宋大城北門主城門遺址分期圖

（採自《考古》2012 年第 10 期，第 29 頁）

三、經濟、治安與軍事：影響宋廷修城政策的諸因素

上文曾提到地方守臣在城池建設過程中可以發揮積極的作用，實際上對城池建設影響更爲普遍的是官方對於築城的態度；所以透過上文所引劉敞之例，我們看到這種積極作用會受到官方態度取向的牽制。宋廷爲防止出現晚唐五代以來地方勢力坐大的局面，對地方上政治、經濟、軍事等方面的事務，多有針對性的舉措，其中在城池建設方面的消極態度，是從軍事方面防備地方社會的一個具體表現。但這只是宏觀層面的態度取向，在實際層面則有區域性的差異以及具體城市的不同情形，未可一概而論。如北宋西北地區的城池建設，因爲軍事防禦的需求，即多有受到重視；就揚州城池而言，不但在趙宋立國之初有修築的舉措，在江淮毀城隍的過程中，傳世文獻也未見有針對揚州的任何記載。事實上揚州早在建隆間便已歸屬趙宋，後來的毀城的舉措很可能並未波及揚州。不但如此，北宋時期建議包括揚州在內的地方城市修築城池的言說也時有可見，結合相關考古資料，可知這些言說是起到過一定作用的。上述宏觀的態度取向雖大體不誤，但也曾因時而變動；我們應該更多地關注具體城市的實際情形，所以現在要追問的是，宋廷是基於何種原因而適時調整了關於修城的態度？換句話說，有哪些因素最終促成了地方修城的舉措得到實際的展開？要回答這類問題，最直接的切入點便是分析當時建議地方修城諸種言說。茲結合見存文獻中關於揚州等江淮一帶城市的言說，對此略作分梳。

北宋時期關於城池建設的言說時有出現。上文提到的王禹偁，在咸平三年（1000）關於揚州、滁州等地城池的言說中，有「城池頹圮，鎧仗不完」，「萬一水旱爲災，盜賊竊發，雖思禦備，何以枝梧」之語，這種防禦盜賊的言說，是從社會治安的角度對城池建設的現狀提出質疑，所以王禹偁會有修城之請。類似的例子又如皇祐元年（1049）三月二十四日，臣僚言「江淮城壁缺落，乞特加以修葺。」宋廷「詔以透賊謾說量葺之。」〔註48〕可見雖大體贊成，執行力度或有限。至熙寧三年（1070），王安石還有「南方修城恐非急，過費財用亦可惜」〔註49〕的觀念，則城池修建也受到經濟方面的限制。但此間關於修城的觀念即便沒有顯得積極，也與以往的消極態度有所區別，從針對個別城市出臺政策，轉變爲面向更廣的區域，

〔註48〕 徐松輯，劉琳等點校：《宋會要輯稿》方域八之三，第 15 冊，第 9426 頁。
〔註49〕 李燾：《續資治通鑒長編》卷二百十一，熙寧三年五月庚寅條，第 5119 頁。

而且超出了西北這一地域範圍。如熙寧六年丁卯，「詔北江募人築城寨，令章惇等優給錢米，毋得擾民」〔註50〕；元豐二年（1079）正月十七日詔：「諸路修城，於中等以上戶均出役夫，夫出百錢。其役廣戶狹處，以五年分五限，余以三年分三限送官，官爲相度募人，或量增役兵兼築。如錢不足，預具數以聞。遇災傷及三分年，仍權住輸錢。」〔註51〕這些政策一方面超越了西北沿邊政區的範圍，另一方面也有針對城市群體而發者，一定程度上反映出宋廷措置城池建設的積極動向。在此期間，熙寧十年（1077）七月十一日，河北西路提點刑獄丁執禮的言論特別值得注意，與以往強調社會治安的用意不同，他從經濟、人口發展的角度建議修城，凸顯了城池建設與社會經濟發展之間的關聯，其言有曰：

> 今之縣邑，往往故城尚存，然摧圯斷缺，不足爲固。況近歲以來，官司所積錢斛日多於前，富民巨賈，萃於塵市，城郭不修，甚非所以保民備寇之道也。以爲完之之術，不必費縣官之財，擇令之明者，使勸誘城內中、上戶，出丁夫以助工役，漸以治之。緣城成亦民之利，非彊其所不欲也。仍視邑之多盜者先加完築，次及餘處，庶使民有所保，而杜塞奸盜窺覬之心。

宋廷詔中書門下立法以聞，得到的反饋信息是：

> 看詳天下州縣城壁，除五路州軍城池自來不闕修完、可以守禦外，五路縣分及諸州縣城壁多不曾修茸，各有損壞，亦有無城郭處。緣逐處居民不少，若不漸令修完，竊慮緩急無以備盜。今欲令逐路監司相度，委知州、知縣檢視城壁合修去處，計會工料，於豐歲分明曉諭，勸諭在城中、上等人戶，各出丁夫修築。委轉運使勘會轄下五路，除沿邊外，擇居民繁多或路當衝要縣分，諸路即先自大郡城壁損壞去處，各具三兩處奏乞修完。候降到朝旨，依下項。〔註52〕

〔註50〕 李燾：《續資治通鑒長編》卷二百四十二，熙寧六年正月丁卯條，第 10 冊，第 5893 頁。

〔註51〕 李燾：《續資治通鑒長編》卷二百九十四，元豐二年正月丁亥條，第 12 冊，第 7198 頁。又參徐松輯，劉琳等點校：《宋會要輯稿》方域八之六，第 15 冊，第 9428 頁。按：兩書此段標點略有不同，細繹文意，此詔令係對修城的勞力及物資來源作一規定，並沒有要求諸路統一於元豐二年修城的意思。故標點當以《續資治通鑒長編》爲是。

〔註52〕 徐松輯，劉琳等點校：《宋會要輯稿》方域八之四～五，第 15 冊，第 9427 頁。

中書門下所擬條目比較詳細，在此段引文之後，是一些修城程序上的具體的規定，涉及修城管理、工程規模、財政支持、勞力以及原料來源等方面，因與主旨關係不大，故略去。通過丁氏的言說以及官方的反饋意見，有以下幾點值得注意：一、城池建設與經濟發展的不協調。北宋至熙寧末年城市城牆仍普遍敗壞，與社會經濟的發展形成反差，不利於維持社會治安、保護官民利益。二、城池建設存在區域性和等級性差異。北宋時期城市城牆維持較好狀態的，主要集中在西北沿邊五路州軍，這主要是要應對西北方向的異族政權的威脅。但即便是西北五路，至縣級政區，城牆多已不曾修葺。這裡面第二個方面，前文已有涉及。所可注意的是第一個方面的內容，即隨著經濟社會的發展，對城池建設提出了更高的要求，需要藉此來維護民眾的經濟利益與社會安全，這就與第一點聯繫起來了。

除社會治安、經濟發展兩個方面得到因素外，第三個直接影響城池建設的重要因素是軍事因素。北宋前期重視西北城建即是顯例，而這一因素在兩宋之際宋金交惡背景下又體現出來，不過此時已經及於江淮一帶。靖康亂後，開封陷落，宋室南遷。江淮一帶隨之成為了宋金對峙的前沿陣地。這一轉變，對當地城市功能的變化有直接的影響，城池建設隨之受到特別的重視。以揚州為例，南宋時期揚州的城池建設，較之北宋時期表現異常突出，便很能說明問題。近年來發掘的考古資料，大體上也證實了這一點。這裡我們先只討論南宋高宗朝的揚州城池。

趙構雖即位於南京應天府，當時金兵壓境，南京並非常駐之地。在宋室南遷的規劃中，揚州是重要的備選之地。如此以來，當時的揚州城就非一般意義上的地方州城而已，故其城防建設勢必加強。史載建炎元年（1127）五月丁巳（自此月改元建炎），宋廷「詔成都、京兆、襄陽、荊南、江寧府、鄧、揚二州儲資糧，修城壘，以備巡幸。」〔註53〕此係針對地方一些重要政區的詔令，可見在軍政動態遞變之下，宋廷對地方城牆建設的重視。這是軍事因素影響城池建設的直接體現。單獨針對揚州的命令出現在四個月以後，建炎元年九月甲午（七日），命揚州守臣呂頤浩繕修城池。〔註54〕而高宗隨後於十

〔註53〕　脫脫等：《宋史》卷二十四《本紀二十四》，第445頁。建炎元年九月，亦有類似的詔令，見《宋會要輯稿》方域二之五，第16冊，第9283頁。
〔註54〕　李心傳：《建炎以來繫年要錄》卷九，建炎元年九月甲午條，中華書局，1988年，第214頁。

月丁巳（一日）「登舟幸淮甸」〔註55〕，癸未（二十七日）「至揚州，駐蹕州治。」〔註56〕見存史料中未見關於建炎元年揚州修城的詳細規劃，宋廷翌年續有揚州濬隍修城的詔令。史載建炎二年（1128）冬十月三日，「詔令揚州先次開撩城壕及措置增修城壁。」〔註57〕此舉是在當時「言者論維揚之城，可攀援上下，其濠池可步而往來」〔註58〕的背景下出現的。從城牆可攀援、濠池可步往的言說來看，呂頤浩任內的揚州城池建設並未起到多大的成效；早先許份請趙構駐蹕揚州時所說的揚州「城壁新修，錢糧粗足」，恐怕也有幾分虛張。儘管建炎二年十月續有修城之詔，同樣無實質性的效果。稍後的十二月，吏部侍郎劉珏在言「備敵之計」時，有「維揚城池未修」〔註59〕之語。可見兩宋之際，前後一年多的時間，揚州的城池修築，有名無實。次年年初，金兵南下，焚揚州，高宗便倉惶渡江了。雖然稍後金人撤離揚州，但宋廷收復的揚州城，已經遭到金兵焚燒。〔註60〕

以上的梳理，揭示出社會治安、經濟發展、軍事變動等三個方面的因素，是時人關於城池建設言說的主要方面，也是宋廷擬定城池建設政策時需要考慮的重要內容。它們影響著宋廷在整體上關於城池建設的態度，更在具體城市的城池建設方面有直接的刺激作用，其中尤以軍事因素表現最爲突出。宋代揚州的城池建設雖然不能忽視經濟與社會因素，但就見存文獻來看，軍事因素的影響顯然更爲重要一些。從宋初的李重進築城到兩宋之際的修城，皆

〔註55〕 李心傳：《建炎以來繫年要錄》卷十，建炎元年冬十月條，第229頁。
〔註56〕 李心傳：《建炎以來繫年要錄》卷十，建炎元年冬十月條，第236頁。
〔註57〕 徐松輯，劉琳等點校：《宋會要輯稿》兵二九之一〇，第15冊，第9241～9242頁。王應麟《玉海》卷一百七十四《宮室》「紹興山水寨」條，記「建炎二年，命揚州增修城壁。」較《宋會要》所記爲簡略，但應是同時期的事，可互參。此處《玉海》用的是江蘇古籍出版社、上海書店1987年影印光緒九年浙江書局刊本，引文見第3202頁。
〔註58〕 李心傳：《建炎以來繫年要錄》卷十八，建炎二年十月甲寅條，第357頁。
〔註59〕 李心傳《建炎以來繫年要錄》卷十八建炎二年十二月戊寅條記劉珏言：「備敵之計，兵食爲先，今以降卒爲見兵，以糴本爲見糧，二者無一可恃，維揚城池未修，卒有不虞，何以待之？」《宋史》卷三百七十八《劉珏傳》在「城池未修」後多「軍旅多闕」四字，其他大體一致。可互參。分見兩書第377頁、第11667頁。
〔註60〕 李心傳：《建炎以來繫年要錄》卷二十，建炎三年二月戊辰條，第403頁。透過趙鼎「路入揚州秋草殘……黃葉西風薄暮寒」之詠，我們大致可以想像戰後揚州城的荒涼。見趙鼎：《揚州竹西亭》，收入北京大學古文獻研究所編《全宋詩》，北京大學出版社，1998年，第28冊，第18423頁。

是如此。待宋室於臨安紮穩腳跟以後，江淮一帶轉而成爲宋金對峙的前沿，其城池建設更是不可忽視。這在下一節還會有進一步的討論。

附帶需要說明的是，明清人修方志時，往往認爲建炎二年揚州修城是郭棣（1132～1192）任內之事。實際上只從年歲上著眼，這已是不可能的事。然天一閣藏明代嘉靖《惟揚志》卷十《城池》之宋大城條下記，「宋建炎二年命揚州增修城壁，知揚州郭棣築。」〔註61〕乾隆《江南通志》卷三十三《輿地志》記「建炎三年，郭棣知揚州，以故城憑高臨下，四面險固。即遺址建築，謂之大城。」〔註62〕按：李心傳《建炎以來繫年要錄》建炎二年四月丙戌條有「中大夫黃願直龍圖閣，知揚州」之記載，黃願至建炎三年二月方才「落職」〔註63〕，所以建炎二年十月知揚州者乃黃願而非郭棣。嘉靖《惟揚志》所記當誤，乾隆《江南通志》及嘉慶《重修揚州府志》以爲建城在建炎三年，更是一誤再誤。郭棣雖有修築揚州城池之舉，事在孝宗朝，詳見下文。

第二節　「孝宗恢復」與揚州城池建設

在軍事因素的影響下，兩宋之際揚州的城池建設受到特別重視，但南宋高宗在臨安落下腳跟後，偏安和議，卻並無措置揚州城池建設的積極舉措。此間雖然有兩次關於修城的議論，皆是宋金關係緊張、惡化之後被動而爲，〔註64〕而且透過後來孝宗朝的相關記載，可知修城效果並不理想。紹興六年（1136）三月一日，尚書省言：「諸州城壁往往倒塌，不即補治，及將壯城人兵違法他

〔註61〕 朱懷幹修，盛儀纂：嘉靖《惟揚志》卷之十「軍政・城池・宋大城」條，上海古籍書店 1963 年影印天一閣藏本。

〔註62〕 黃之雋等：乾隆《江南通志》卷三十三《輿地志》。臺灣商務印書館，1986 年影印，文淵閣《四庫全書》本，第 508 冊，第 97 頁。

〔註63〕 關於黃願的任職與落職時間，分見李心傳《建炎以來繫年要錄》卷十五建炎二年四月丙戌條與卷二十建炎三年二月壬子條，第 317、391 頁。按，據李心傳所記，黃願揚州之任係由黃潛善薦用。然「（黃）願之除，日曆不載」，且「其事蹟不見於史」。此或爲上述地志文獻中將建炎間揚州守臣弄錯的原因之一。

〔註64〕 此間淮東其他政區出現的修城舉措，也與此類似。如《宋史》卷三百六十四《韓世忠傳》記紹興七年，「築高郵城，民益安之。」（第 11365 頁）整體來說，高宗朝以「守和議」爲主要特色，淮東修城的舉措並不多見。邊境修城，與戰事緊密相關，《宋史・韓世忠傳》所記高郵城池的修築，即在宋金關係緊張的時期。

役，有乞修去處，增添高闊，徒費功力，不能就緒。」宋廷遂「詔令逐路帥司督責所屬州軍，如有損壞，用功不多，仰一面計置，用壯城人兵修治，不得科擾。若倒塌稍多，不能自行整葺，即審度實用工料，開具見管壯城人數供申，不得隱落，虛椿大計。或城大難以因舊，亦仰隨宜減蹙，務要省便。仍將合減蹙去處丈尺畫圖，及今後具所管城壁有無損壞事狀，並申尚書省。」〔註65〕宋廷的詔令具有補救的性質，反映的正是此前政策的未盡執行，但並非專門針對揚州而發。不但如此，此次補救政策的落實與否，主動權主要在地方，中央並沒有強力要求修城的意態。與此類似，紹興末年宋金交戰以後，宋廷臣僚曾在「料理江淮」的言論中，特意提及「增城濬隍，以立守備」。高宗為此「手詔」揚州守臣向子固及淮南其他官僚「相度聞奏」〔註66〕，揚州「於是有修城之役，破錢二十萬緡」〔註67〕。關於向子固任內的揚州修城，見存宋代文獻未見有詳細記載，明清以來所修方志也未曾提及，今不得其詳。但有一點可以確定，即以上兩次關於修城的言說，皆針對揚州州城而發。

整體來說，南宋高宗朝的揚州城池主要出現在建炎初年與紹興末年，都發生在宋金關係惡化的時期，亦即由戰爭而導致的城池建設。另需注意的是，建炎之初與紹興末年關於城池建設的言說，皆是因應時局變化的被動舉措，高宗朝在包括揚州在內的城池建設方面鮮有積極的舉動。所以在紹興和議以後，揚州未再修城。這與高宗朝以維持議和為主要目的的政治取向是相對應的。與高宗傾向於議和的政治取向不同，南宋孝宗則以「恢復」而著稱，日本學者認為，相較於高宗朝，孝宗朝有另一種「體制」之形成。〔註68〕無論如何，在「孝宗恢復」的大背景下，孝宗朝的揚州城池建設表現突出，更具積極性，在規模、次數以及持續時間方面，都在整體上都超過了宋代其他時期。這與當時的政治動態密切相關，也是孝宗政治取向的一個具體表現，可以看作是「孝宗恢復」背景下，中央與地方的一種互動。孝宗朝揚州歷次修城，各有側重，有舊城之修補加固，也有新城之創建。茲以時間為序，逐一考述。

〔註65〕 徐松輯，劉琳等點校：《宋會要輯稿》方域八一○，第 15 冊，第 9430 頁。

〔註66〕 李心傳：《建炎以來繫年要錄》卷一百九十七，紹興三十二年二月庚子條，第 3319～3320 頁。

〔註67〕 徐夢莘：《三朝北盟會編》卷二百四十七「炎興下帙一百四十七」，第 1774 頁。

〔註68〕 寺地遵著，劉靜貞等譯：《南宋初期的政治史研究》，（臺灣）稻香出版社，1995年。特別是其「終章」，第 421～478 頁。

一、「內地修城」：州城（宋大城）之修補

紹興議和以後，宋金之間維持了一段和平關係，但至高宗末年，兩國戰事再起。《宋史·劉錡傳》載：

> （紹興）三十一年，金主亮調軍六十萬，自將南來，彌望數十里，不斷如銀壁，中外大震。時宿將無在者，乃以錡爲江、淮、浙西制置使，節制逐路軍馬。八月，錡引兵屯揚州，建大將旗鼓，軍容甚肅，觀者歎息。以兵駐清河口，金人以氈裹船載糧而來，錡使善沒者鑿沉其舟。錡自楚州退軍召伯鎮，金人攻眞州，錡引兵還揚州，帥劉澤以城不可守，請退軍瓜洲。〔註69〕

劉澤以揚州城不可守，原因除金兵人多勢眾以外，揚州城池本身的敗壞當是一個不可忽視的因素。〔註70〕《宋史·尤袤傳》有「已而金渝盟，陷揚州，獨泰興以有城得全」〔註71〕之語，是對紹興末年宋金戰事的記敘，雖然意在褒獎尤袤在泰興的築城之舉，但一定程度上還是能夠反映出當時揚州城池的敗壞。在劉錡兵屯揚州的四個月前，翰林學士何溥曾有「歷陽、儀徵、維揚，城壁稍堅」〔註72〕之語，這些城市的城壁也只是「稍堅」而已，是相對而言的情況，並不能以此否定當時淮南城池整體敗壞的現狀。這種城池變壞的狀況由來已久，而孝宗朝的軍政動態則促使這一現狀必須作相當的改變。如隆興元年（1163），宋廷「詔修眞州六合城。以九月二十二日興役，十一月九日畢。北城創立，餘增修。」〔註73〕眞州位於揚州西南，緊靠長江，在唐代本是隸屬揚州揚子縣的白沙鎮，進入宋代以後，該地有突出的發展，六合則是其重要屬縣。孝宗在即位之初即修眞州六合城，不到兩個月即完工，且北城爲新創。這是在宋金交戰期間完成的工程；城建與軍事之間的關聯顯而易見。但僅僅眞州境內的修城尚不足以爲備，乾道三年（1167）二月，諫議大夫陳天麟言：「近探報虜聚糧儲增戍，以其太子爲元帥居汴。宜預擇將帥，講究備禦

〔註69〕　脫脫等：《宋史》卷三百六十六《劉錡傳》，第 11407 頁。
〔註70〕　記載南渡後宋金戰和事蹟的《中興禦侮錄》卷上，對此事亦有記載，可互參。見上海師範大學古籍整理研究所編：《全宋筆記》第五編第一冊，大象出版社，2012 年，第 41 頁。
〔註71〕　脫脫等：《宋史》卷三百八十九《尤袤傳》，第 11923 頁。
〔註72〕　李心傳：《建炎以來繫年要錄》卷一百八十九，紹興三十一年四月丁巳條，第 3164 頁。
〔註73〕　徐松輯，劉琳等點校：《宋會要輯稿》方域九之四，第 16 冊，第 9448 頁。

之策。」〔註74〕此在隆興和議後不久，基於金人的軍政動態，宋廷還需要有
必要的因應舉措，三個月以後的揚州修城之舉，便是在這樣的背景下產生的。
《宋會要輯稿》記：

> 乾道三年五月二十三日，詔修揚州城。先是，主管殿前司公事
> 王琪言：「揚州爲淮東重城，地面狹隘，壕塹水淺，四外平陸地無險，
> 乞貼築城壁，開掘舊壕。」從之。〔註75〕

乾道三年的詔令，是孝宗朝第一次揚州修城之舉。通過王琪言論，當時揚州
城池的敗壞狀況，可想而知。這裡需要注意的是，王琪之所以針對揚州城池
現狀發言，是因爲孝宗曾專門派遣其赴淮東調查城牆狀況，《宋史全文》及《宋
史‧陳俊卿傳》有「殿前指揮使王琪被旨按視兩淮城壁還」之句，所指便是。
由於王琪按視淮東的舉措，在當時頗不尋常，並曾引起朝臣之爭論，所以這
裡有必要對王琪按視淮東的經過及時人的反映，也一併稍作考察，以見孝宗
朝揚州修城的深層蘊意。

在前引乾道三年二月陳天麟之言後面，有孝宗與當時宰臣葉顒、魏杞之
間的一段對話，記：

> 上謂宰臣曰：「此今日急務。昨王琪請築揚州，卿等見文字否？」
> 葉顒奏曰：「王琪至都堂，議論尚未定。」魏杞奏曰：「淮東之備，
> 宜先措置清河、楚州、高郵一帶，庶可過敵糧道。」上曰：「若把定
> 高郵，不放糧船過來，則虜不能久留淮上，自當引去也。」〔註76〕

王琪請修築揚州城，事當在其自淮南按視兩淮城壁以後，其「被旨按視」，當
時外廷實不知曉，而且在乾道三年二月之前便已展開。引文中所謂的「文字」
當是王琪的反饋信息，孝宗應該最先看到，之後再公佈群臣，所以孝宗有「卿
等見文字否」一問。這種由御筆處分而不經朝廷奏審的程序，在當時便是外
廷所反對的程序。《宋史全文》乾道四年冬十月條記：

> 先是，殿前指揮使王琪被旨按視兩淮城壁還，薦和州教授某人，
> 上命召之。俊卿與同列請其所自，上曰：「王琪稱其有才。」俊卿曰：
> 「琪薦兵將官乃其職，教官有才，何預琪事？」上曰：「卿等可召問

〔註74〕 徐松輯，劉琳等點校：《宋會要輯稿》兵二九之一七～一八，第15冊，第9246
頁。

〔註75〕 徐松輯，劉琳等點校：《宋會要輯稿》方域九之一，第16冊，第9447頁。

〔註76〕 徐松輯，劉琳等點校：《宋會要輯稿》兵二九之一七～一八，第15冊，第9246
頁。

之。」俊卿召琪責之，琪皇恐不知所對。會揚州奏昨琪傳旨增築州
城，今已訖事。俊卿請於上，則初未嘗有是命也。俊卿曰：「若爾，
即琪爲詐傳聖旨，此非小利害也。容臣等熟議以聞。」退至殿廬，
遣吏召琪詰之，琪叩頭汗下。俊卿亟草奏，言曰：「王琪妄傳聖旨，
移檄邊臣增修城壁，此事繫國家大利害，朝廷大紀綱，而陛下之大
號令也。人主所恃者，紀綱、號令、賞罰耳。今琪所犯如此，此而
不誅，則亦何所不爲也哉？謹按律文：詐爲制書者絞。惟陛下奮發
英斷，早賜處分。」於是有旨，削琪官而罷之。〔註77〕

據陳俊卿所言，王琪在「批旨按視」的過程中似有「傳旨築城」的行爲，這
當然更是違反「綱紀」之行爲。陳俊卿就揚州修城事請問於孝宗，得到的答
案是「未嘗有是命」。陳俊卿對以「若詐傳上旨，非小故」，甚至建議要誅殺
王琪。在外廷的壓力之下，王琪最終落得「削秩罷官」的結局。按：《宋史全
文》及《宋史·陳俊卿傳》之文，當本自朱熹的《少師觀文殿大學士致仕魏
國公贈太師諡正獻陳公行狀》〔註78〕，事實上，當時禁中密旨直下諸軍，不
爲外廷所知者，或時而有之。朱熹作《行狀》在交代完王琪之事後，緊接著
便引述了內官張方的案例，不是沒有原因的。王琪即便有傳旨築城的行爲，
相當程度上也是深得孝宗用心的舉措，因孝宗正是主張修揚州城的（詳下
文）。所以筆者認爲陳俊卿不是不知孝宗的答語有不實的成分，他的話只是爲
了化解無法對質所引起的尷尬。說是給孝宗一個臺階，也非過分。王琪最後
並未被誅而是削其官，顯然是得到了孝宗一定程度的庇護。

　　不但王琪在揚州的行爲受到責論，其修城的建議當時也有臣僚不大認
同。上文提到的在乾道二年之所以有「都堂議論未定」的現象，正是因爲宰
臣葉顒對於揚州修城持否定的意見。即便揚州城池建設在孝宗的堅持之下得
以展開，葉顒仍然認爲此舉有相當的負面影響。乾道三年五月後，就著王琪
言揚州修城所用磚灰的話題，葉顒與孝宗曾有下面一段對話：

　　葉顒因言：「揚州修城，工役甚大，議者以爲恐勞動兵眾，未甚
有益，且致敵人言。」上曰：「內地修城，何預邊頭？且誓書所不載。

〔註77〕 佚名撰，汪聖鐸點校：《宋史全文》卷二十五上《孝宗三》，中華書局，2016
年，第2066～2067頁；又《宋史》卷三百八十三《陳俊卿傳》亦有記載，然
較此爲略，可互參。

〔註78〕 朱熹：《晦庵先生朱文公文集》卷九十六，見《朱子全書》（第25冊），上海
古籍出版社，安徽教育出版社，2010年，第4445～4484頁。

萬一今冬有警，悔又無及。朝廷作事，安能盡卹浮議，不至張皇可
也。」〔註79〕

據《宋史》葉顒本傳，他在高宗召見之時，曾論及「國仇未復，中原之民
日企鑾輿之返」；紹興末年宋金交惡之際，亦有「恢復莫先於將相，故相張
浚久謫無恙，是天留以相陛下也」之語；在孝宗朝則拜參知政事兼同知樞
密院事。可見他並非一味主和之人，且得到了孝宗的賞識。但葉顒亦非急
功近利者〔註80〕，畢竟此時上距隆興和議只有三四年的時間。葉顒在上面
引文中表達了怕邊境修城動靜過大，致使金人生疑的擔憂；其實這與他批
評武臣梁俊彥請稅沙田、蘆場是「言利求進」、「為國生事」的邏輯是一樣
的。〔註81〕明白了葉氏言說的邏輯背景，才能對孝宗的答話有更好地理解。
孝宗從三個方面對葉說進行了反駁：一、揚州為「內地」而非「邊頭」；二、
和議之內容並未涉及揚州修城等城池建設問題；三、朝廷作事實際上不能
「盡卹浮議」。不能不說孝宗的回答相當巧妙，足以塞言者之口。不過有一
點需要注意，即揚州雖非最「邊頭」，卻也不能與「內地」等同；後來寧宗
時期，趙範謂揚州乃「國之北門，一以統淮，一以蔽江，一以守運河」〔註
82〕，其軍事地位可見一斑。無論如何，通過孝宗遣人調查揚州城池現狀及
其與葉顒之間的對話，可見在宋金和議達成已數年的情況下，孝宗對揚州
城防仍給予了特別的關注。

〔註79〕 徐松輯，劉琳等點校：《宋會要輯稿》方域九之一，第16冊，第9447頁。
〔註80〕 在這一點上，上面提到的陳俊卿，應該與葉顒類似。陳當紹興末年金兵南
下之時，得到張浚的賞識與舉薦，張浚因符離之敗而削官時，陳俊卿以大
局為重，勸說孝宗，孝宗稍後便復張浚之職。事見《宋史》張浚本傳和陳
俊卿本傳。又劉時舉記孝宗乾道五年八月，「以陳俊卿、虞允文為左右僕射。
允文嘗有恢復中原之議，而俊卿持重，卒與允文不合。」（《續宋中興編年
資治通鑒》卷九，中華書局，2014年，第198頁。）所謂俊卿持重，更是
對其人品性的直接描述，所以陳俊卿實際上亦非一味求和之人。筆者認為，
符離之敗不但對孝宗恢復之志是一重創，同時也使得當時一些主戰派人
士，在心理上有微妙的調試。陳俊卿、葉顒等人此時的表現，可以說明一
些問題。
〔註81〕 關於葉顒的內容，見《宋史》卷三百八十四《葉顒傳》，第11819～11822頁。
按：宋人反對修城的言論所在多有，其中不乏與葉顒所論相類者，如周麟之
《海陵集》卷四《封事》；司馬光：《傳家集》卷四十二《乞罷修腹內城壁樓
櫓及器械狀》，唯在分析是要注意言事者的時代背景。
〔註82〕 脫脫等：《宋史》卷四百一十七《趙範傳》，第12508頁。

正因如此，當揚州守臣赴任臨行之際，孝宗還特意叮囑揚州修城之事。乾道三年（1167）五月詔修揚州城之後，六月「詔尚書戶部郎中莫濛除知徽猷閣、知揚州。」〔註 83〕莫濛行前「陛辭，上以城圯，命蒙增築。蒙至州，規度城闉，分授諸將各刻姓名甓堞間，縣重賞激勸，閱數月告成。」〔註 84〕足見孝宗對揚州修城的重視，而吳氏並未辜負孝宗的期望。乾道三年十一月十一日，殿前司公事王琪在言及揚州城建時說：「本司揚州見存留住官兵二千人，統領官一員。先自閏七月起發前去，到彼修築城壁，委是辛苦勞役，今來未有替期。乞於本司諸軍在寨人內摘差官兵二千人，內將官四員，並部轄統領官一員，於來年正月內起發前去揚州，抵替歸司。」〔註 85〕則上文所謂「數月」至少要持續到乾道三年年底，而且僅是針對城壁而言。〔註 86〕這裡需要補充說明的是，在揚州修城期間，孝宗本人對當時社會輿論也相當關注。乾道三年七月十八日，諫議大夫陳良祐奏事，孝宗有「外問有何所聞」之問，於是君臣間有如下一段對話：

> 良祐奏：「民間傳邊事動，因論邊事，多是兩下說成。為備雖不
> 可已，要不可招敵人之疑。惟當愛惜民財，休養士卒，一有警急，
> 則富者輸財，勇者出力。如近日修揚州城，眾論以為無益。」上曰：
> 「正欲為備，如何無益？」良祐奏：「揚州僻在一隅，萬一虜人衝突，
> 兵不能守，則是為虜人築也。目今遣二三萬人過江，則虜中間探，
> 卻恐使成邊釁。」上曰：「若臨淮則不可，在內地亦何害？」良祐奏：

〔註 83〕 徐松輯，劉琳等點校：《宋會要輯稿》選舉三四之二○，第 5919 頁。

〔註 84〕 脫脫等：《宋史》卷三百九十《莫濛傳》，第 11957 頁。

〔註 85〕 徐松輯，劉琳等點校：《宋會要輯稿》兵五之二三，第 14 冊，第 8712 頁。

〔註 86〕 《宋會要輯稿》記乾道三年十月八日孝宗有「維揚城築已畢」（第 15 冊，第 9246 頁）之語，與實際情況不合。事實上不但揚州城壁修築在乾道三年十月尚未完成，後續開掘城壕、增修城外壁的舉措也相繼展開。詳見下文。又，《宋會要輯稿》方域九之二記乾道三年「閏七月十九日，殿前司言，與鎮江軍分南北興修揚州城，恐不均平。上語輔臣：『北邊乃受敵處。』蔣芾因奏，不如令東西分。從之。凡十月畢工。」（第 16 冊，第 9447 頁）同書兵二九之一九亦有類似記載，但並無「凡十月畢工」之語（第 15 冊，第 9246 頁）。從乾道三年閏七月下推十個月，為乾道四年四月，據此則揚州城建在乾道四年四月既已完成。然宋廷在乾道四年九月仍有關於揚州修城的詔令，所以此「凡十月畢工」的說法不合事實。《宋會要輯稿》點校者據「凡十月畢工」，認為乾道四年九月之前不應有關於揚州修城的詔令，這種推測與《宋會要輯稿》中的其他記載相牴牾，顯然與史實不合，所以是書第 9446 頁校勘記二是有問題的。

> 「更願陛下審思之。今日爲備之要者，無過選擇將帥，收蓄錢糧，愛民養士，勿妄用其財，勿妄使其力。如此而後可。」上曰：「卿言甚是。」〔註87〕

陳良祐「眾論以爲無益」的答語，表明當時揚州修城，非上述葉顒一人意見不同，持修城「招敵人之疑」這一觀念的人並不少見。但孝宗的答語卻與前引答葉顒之語完全一致。對話雖以「卿言甚是」四字結束，但孝宗本身的想法並未改變，揚州城的修建仍照常進行。

乾道三年開始的揚州城池建設，係針對揚州州城（即所謂宋大城）而發。其涉及的內容比較全面，包括城牆內外壁、壕溝、炮臺等主要方面。但這些內容在開始並沒有統一的規劃，而是隨著工程的進展，臣僚不斷提議補充與修正後才最終完成的。前引乾道三年王琪「修築城壁，開掘舊壕」的說法，在實際修築過程中，完成的主要是城牆內壁。不但舊壕未掘，城牆外壁也未曾修整。乾道四年（1168）四月，揚州守臣莫濛言：

> 揚州城壁，當時兩軍計料，止於壕外取掘乾土，添築砲臺，不曾計料開深壕河。……本州近稍闕雨，濠內極深不過二三尺，至有淺涸可以通人往來。竊詳固守之利，莫如高城深池，今城雖高而池不深，竊恐冬深水涸，人可平涉，緩急之際，深所未便。欲望令殿前司並鎮江府都統制司重別計料，以水面爲則通展，務令深闊，緩急可以備禦。〔註88〕

莫濛之言獲准。這是針對揚州州城外城壕的補充性建議，顯然是從軍事角度出發的言論。乾道五年四月四日，權主管殿前司公事王逵言：

> 揚州城壁周圍一十七里零一百七十二步，計三千一百四十六丈。昨止係沿城裏周圍作臥牛勢幫築增闊，開展濠河，將挑撅到土末添築砲臺。緣工役有不如法去處，萬一有警，誠難坐守。所有城身外表磚瓦，今相度，欲乞差委統制官路海量帶白直鞍馬前去，再行子細相驗。如有不禁攻擊，摧缺磚爛去處，打量高低闊狹丈尺，計料合用磚灰應干物料、人工數目，彩畫圖本，逐一貼說前來，容臣重別參酌奏聞，乞賜處分施行。〔註89〕

莫濛之言獲准。這是針對揚州州城外城壕的補充性建議，顯然是從軍事角度出發的言論。乾道五年四月四日，權主管殿前司公事王逵言：

〔註87〕 徐松輯，劉琳等點校：《宋會要輯稿》兵二九之一八，第 15 冊，第 9246 頁。

〔註88〕 徐松輯，劉琳等點校：《宋會要輯稿》方域九之一，第 16 冊，第 9447 頁。

〔註89〕 徐松輯，劉琳等點校：《宋會要輯稿》兵二九之二一～二二，第 15 冊，第 9248 頁。按：同書方域九之一（第 16 冊，第 9447 頁），對王逵的言說亦有記載，

其言獲准。文中「昨止係」云云，是對乾道三年以後揚州修城活動的概括性描述。可知針對城牆內側以及城壕的修築與開掘，在時人眼中尚有不足之處，所以王遂建議將揚州「城身外表磚瓦……再行子細相驗」，以期進一步地完善。據今人的考古發掘，南宋時期，宋廷針對揚州州城（今所謂宋大城）西門有「加厚加固城牆、改造城門和甕城」等重要舉措。特別需要注意的是，當時在城牆加固方面，是「在原來城牆的內側，緊貼城壁向東加厚城牆 1.5 米」〔註 90〕，就西牆而言，此「內側向東」加固的方案，實際上與前引王遂所謂「沿城裏周圍作臥牛勢幫築增闊」是一致的。考古報告並未就加厚的 1.5 做文化層區分，所以筆者推測，這 1.5 米很可能就是孝宗乾道三年莫濛任內修城時所加。至於揚州州城的其他牆面的修築，見存文獻與考古發掘所能提供的材料都相當有限。唯乾道三年閏七月十九日，「宰執進呈殿前司申，與鎮江軍分認南北修揚州城，因奏南北分，恐不均平。上曰：『北邊乃受敵處。』（蔣）苃奏曰：『不如令東西分。』上曰：『好。』」〔註 91〕我們只能據此推知，由於軍事原因，宋大城南北兩面城牆牆體設計是不一樣的，所以宋大城各面城牆牆體結構容有不同，不能與西牆一概而論。今人在宋大城北門遺址發掘中發現「鎮江前軍」、「鎮江中軍」、「鎮江右軍」〔註 92〕等銘文磚，而宋大城西門甕城內壁則出土了帶有「鎮江府官磚」〔註 93〕字樣的南宋時期城磚，這在一定程度上說明了當時宋廷的規劃得到了切實的執行，可以幫助認識當時宋大城的城牆建設狀況。

最後需要注意的是，在修城期間，關於修城的資金、材料、人力來源甚至於修城人員的疾病護理等相關問題，見存文獻亦有零星記載，如乾道四年四月五日，「詔揚州、六合修城塹，凡材木磚灰木腳等錢，自浙西往者，官盡

兩處所記詳略不一，但大體內容是一致的，可以互參。所可注意者，據方域九之一，則王遂的言說發生乾道四年五月四日，兩處記載相差近一年。由於方域九之一中關於揚州城建的繫年多有疏忽（見《宋會要輯稿》校勘記），由於很難找到其他佐證材料，故今暫以兵二九所記爲是。

〔註 90〕　中國社會科學院考古研究所等：《揚州宋大城西門發掘報告》，《考古學報》1999年第 4 期，第 495 頁。

〔註 91〕　徐松輯，劉琳等點校：《宋會要輯稿》兵二九之一八～一九，第 9246 頁。

〔註 92〕　中國社會科學院考古研究所等：《江蘇揚州市宋大城北門遺址的發掘》，《考古》2012 年第 10 期，第 39 頁。

〔註 93〕　中國社會科學院考古研究所等：《揚州宋大城西門發掘報告》，《考古學報》1999年第 4 期，第 510 頁。

給其價。」與此同時，孝宗特「命以內庫錢八萬緡償之」，以避免州郡籍修城科斂。同年九月一日，「詔揚州、和州、六合縣修城等，入役官兵慮有病患，令逐處守令同統兵官，專差職醫診視，官給湯藥。」〔註94〕可見孝宗時期對於修城有相當全面的統籌安排。限於篇幅，此處不能詳具。

二、堡寨城與夾城：揚州新城之創建

孝宗朝針對揚州的城池建設，除了修補州城以外，也有創建新城。所謂堡寨城（寶祐城之前身）、宋夾城的興建，即在孝宗時期。淳熙元年（1174）八月二十七日，在樞密院奏請之下，宋廷「詔揚州屯戍統制官，自今兼提督修城，遇有城壁損缺，與同提督兵官措置，疾速修整，依例交替。」〔註95〕從修城之事特令屯戍統制官參與主持，以及一旦發現損壞便「疾速修整」等規定來看，揚州的城牆建設，在改元淳熙之際，再次受到宋廷的特別關注。翌年七月，揚州守臣郭棣奏請修城，宋廷遂：

> 詔殿前司選差統制官一員、軍兵一千人，修揚州城壁，依古城舊基幫築堡寨。〔註96〕

詔令中之「古城」，即揚州蜀崗上的唐代子城。又宋人岳珂（1183～1243）《桯史》記：

> 淳熙乙未（二年，1175），郭棣帥淮東，築維揚城。又旁築一城曰堡寨，地皆砥平，相去餘數里。〔註97〕

以上兩處所說的「堡寨」，即所謂「堡寨城」。淳熙四年正月，淮東總領錢良臣有「揚州近於古城舊基添築堡寨」〔註98〕之語，所指便是。寶祐二年（1254）以後，又有寶祐城之稱謂（詳見第三節）。堡寨城大體是在唐代子城遺址上建立起來的，今人的考古發掘表明，「堡寨城的西、南城垣及北城垣的大部分都沿用了唐代子城城垣，經修葺增築而成。」其中西牆長度與唐代子城西牆幾

〔註94〕 徐松輯，劉琳等點校：《宋會要輯稿》方域九之四，第16冊，第9448頁。
〔註95〕 徐松輯，劉琳等點校：《宋會要輯稿》方域九之二，第16冊，第9447頁。
〔註96〕 徐松輯，劉琳等點校：《宋會要輯稿》方域十九之三二，第16冊，第9668頁。
〔註97〕 岳珂撰、吳企明點校：《桯史》卷一「石城堡寨」條，中華書局，1981年，第4～5頁。按，岳珂雖記有堡寨城的修築背景，但他的重點是懷疑堡寨城的作用，故最後有「雖牽制之勢，亦不相及，竟不曉何謂。猶不若石城之得失相半也」之語。
〔註98〕 徐松輯，劉琳等點校：《宋會要輯稿》食貨六二之六五，第13冊，第7585頁。

近一致，約 1400 米。南、北牆長度分別為 1300 米與 1100 米，與唐代子城的南、北牆長度（分別為 1900 米、2050 米〔註 99〕）相比要短，所以堡寨城的南、北牆實際上只截取了唐子城牆的部分而已；換句話說，堡寨城的規模並不及唐代子城。宋代堡寨城借用了唐子城南、北、西三面牆基，其東牆則完全是宋代新築，其全長約 1200 米，「夯土殘存厚達 4 米，基牆寬 14 米」，牆基相較於堡城西牆與南牆牆基要窄，後兩者分別為 28 米及 18 米。〔註 100〕東牆南北走向，大體將唐代子城一分為二，堡寨城即處唐子城西部位置。根據最近發表的關於揚州蜀崗上舊城北牆東段的考古報告，在北牆東段發現了「宋代城牆夯土」，則唐代子城東部城垣在宋代也曾有修繕的痕跡。考古人員據此認為「唐子城的東半部在南宋晚期修築成寶祐城之前仍在繼續使用，印證了文獻中南宋紹興年間（1131～1162）郭棣知揚州時曾修繕堡城的記載。」〔註 101〕但這一推測成立的可能性不大，就見存文獻來看，對唐代子城東部城垣的修繕，更可能是南宋晚期賈似道修城時的行為。關於這一點，在第三節分析賈似道修城時會有詳細的考論，此不另贅。

這裡需要注意的是，根據蜀崗古城北牆東段的考古發現，汪勃、王小迎二人對郭棣所築堡寨城的具體範圍，乃至於郭棣是否有修堡寨城之舉措產生了疑惑。他們認為：

> 若郭棣所修之堡寨城只是修繕了唐子城，則其周長當與唐子城相近；若其所修之城即後來的寶祐城，則在寶祐年之前唐子城西半就很可能已經有城。然而，從目前所知的文獻記載和考古發掘結果來看，堡寨（砦）城是修繕唐子城並繼續使用，還是取唐子城西半再築城，亦（按：當為「抑」字）或是同時使用在唐子城西半所築之城和在其東半修繕之城，究竟如何還有待後續發掘研究。〔註 102〕

〔註 99〕　中國社會科學院考古研究所等：《揚州城考古工作簡報》，《考古》1990 年第 1 期，第 36 頁。

〔註 100〕　以上關於堡寨城的考古數據，參中國社會科學院考古研究所等：《江蘇揚州宋三城的勘探與試掘》，《考古》1990 年第 7 期，第 610 頁。

〔註 101〕　中國社會科學院考古研究所等：《揚州蜀崗古代城址北城牆東段發掘簡報》，《中國國家博物館館刊》2014 年第 12 期，第 23～39 頁。按：該報告引顧祖禹《讀史方輿紀要》，誤以為郭棣築城在紹興中。詳見下文考辨。

〔註 102〕　汪勃、王小迎：《揚州南宋堡城和寶祐城的發掘與研究》，《中國國家博物館館刊》2015 年第 9 期，第 126 頁。

這段文字比較繁瑣而邏輯稍嫌混亂，不過其並未將北牆東段發現的「宋代城牆夯土」直接歸之郭棣，則是比較謹慎而正確的做法。但汪、王二位先生實在過於謹慎，以至於對「寶祐年之前唐子城西半就已經有城」（這裡借用了他們的用語，略作改動，但大意未變）提出了質疑。實際上南宋孝宗朝郭棣築城，當時及後來之人多有記載。如嘉定年間崔與之在揚州修城時，曾明確指出揚州蜀崗下州城「西北曰堡寨城，周九里十六步，相去餘二里。」〔註103〕崔與之所言對象明確，不涉及其他內容。又同時期的岳珂在《桯史》卷一五「郭倪自比諸葛亮」條，有「郭棣帥淮東，實築兩城，倪從焉」〔註104〕之語。此所謂「實築兩城」即是堡寨城與夾城。可見在賈似道之前，宋人對郭棣築城本有清晰地認識。而崔與之針對堡寨城「周九里十六步」的說法，具體而微，考古發掘也大體印證了這一點。這個數字折合成現代的計量單位，約為5209米，〔註105〕而上面提到的考古發掘所得之周長為5000米，相隔不遠。所以綜合來說，「寶祐年之前唐子城西半就已經有城」是斷無可疑之事。至於郭棣修城的具體範圍，上面的考論已經給出了答案，下一節對賈似道築城進行考述時，還會有所涉及。接下來我們繼續討論郭棣所修之夾城。

堡寨城修建完成之後，與宋大城南北相對，兩城之間相距1200米左右〔註106〕，「築夾土城往來」〔註107〕，此「土城」即孝宗時期的夾城。見存文獻不見孝宗時期關於夾城的明確記載，嘉定中守揚州的崔與之（1158～1239）在《揚州重修城壕記》中記，堡寨城與宋大城「相去兩里，屬以夾城，如蜂腰。」〔註108〕成書於嘉定、寶慶年間的地理總志《輿地紀勝》記，堡寨城與宋大城「南

〔註103〕 崔與之撰，張其凡、孫志章整理：《宋丞相崔清獻公全錄》卷之一《言行錄》，廣東人民出版社，2008年，第5頁。

〔註104〕 岳珂撰、吳企明點校：《桯史》卷一五「郭倪自比諸葛亮」條，第179頁。

〔註105〕 折合標準是：一里合360步，一步合五尺。宋尺有三個標準，分別是一尺合0.309、0.316、0.329米，今取平均值，一尺合0.32米。關於此標準的介紹，參中國社會科學院考古研究所、南京博物院、揚州市文物考古研究所編著的《揚州城：1987～1998年考古發掘報告》第三章「蜀崗下城址的考古勘探」，第48頁。

〔註106〕 中國社會科學院考古研究所、南京博物院、揚州市文物考古研究所編著《揚州城：1987～1998年考古發掘報告》第三章「蜀崗下城址的考古勘探」，第51頁。

〔註107〕 脫脫等：《宋史》卷四百六《崔與之傳》，第12258頁。

〔註108〕 崔與之撰，張其凡、孫志章整理：《宋丞相崔清獻公全錄》卷之一《言行錄上·揚州重修城壕記》，第5頁。

北對峙，中夾通道，疏兩壕相通，轉餉緩急，足以相赴。」〔註109〕凡此之類，只是道出了夾城在堡寨城與州城之間的連接作用，對於夾城的具體形制並沒有直接地交代。今只能從相關考古報告中，對此略窺一二。據考古發掘，夾城平面大體爲南北長、東西窄的長方形，其四周壕溝寬 100 米左右。夾城城牆主要是由從蜀崗運來之黃黏土夯築而成，從已探明的部分來看，夯土牆寬 5.3 米。其中東、西、南、北城牆分別爲長約 900、950、380、450 米，所以夾城城北略寬。夾城有城門有 4，門道寬 5 米，長 10.5 米。其中北門正對堡寨城南門，東、西門外還有甕城痕跡。夾城內有十字型街道，南北街寬約 8 米，東西街寬約 5 米。〔註110〕這裡需要注意的是，上述夯土牆寬 5.3 米，應該最接近孝宗時期夾城城牆的厚度，待嘉定中崔與之修城，於夾城城牆外包磚，則城牆厚度增至 6 米餘。

　　關於堡寨城與夾城的修建，由郭棣所爲，事在孝宗朝；通過上面的考述，這一點是很清楚的。但傳世文獻以及今人的認識中有一些誤識，需要加以澄清。宋以後的地理志書往往繫此事於高宗紹興年間，今人在整理考古資料的過程中，對相關文獻未詳加考辨，以致於出現同樣的錯誤。最早出現這種錯誤的或是顧祖禹（1631～1692），他在《讀史方輿紀要》中記，「宋紹興中，郭棣知揚州，以爲故城憑高臨下，四面險固，（李）重進始夷之，而改卜今城，相距二十里。處勢卑淺，寇來襲瞰，易如鼓掌，請即遺址建築。許之。」〔註111〕許鳴磐《方輿考證》卷四十六「廣陵故城」條〔註112〕及嘉慶《大清一統志》卷九十七《揚州府二・廣陵故城》同之。今人蔣忠義等據光緒《增修甘泉縣志》，認爲夾城爲紹興年間郭棣所建〔註113〕，而《揚州城：1987～1998

〔註109〕　王象之：《輿地紀勝》卷三十七揚州「新舊城」條，中華書局，1992 年，第1574 頁。
〔註110〕　以上相關考古資料的整理，參考了中國社會科學院考古研究所、南京博物院、揚州市文物考古研究所編著的《揚州城：1987～1998 年考古發掘報告》第三章「蜀崗下城址的考古勘探」，第 51 頁。及中國社會科學院考古研究所、南京博物院、揚州市文化局、揚州城考古隊：《揚州宋三城的勘探與試掘》，《考古》1990 年第 7 期，第 611 頁。
〔註111〕　顧祖禹撰，賀次君、施和金點校：《讀史方輿紀要》卷二十三《南直五・揚州府・廣陵城》，中華書局 2005 年，第 1115 頁。按，顧氏堡寨城與宋大城「相距二十里」的說法，已被考古發掘證明有誤，實際距離與崔與之所記相近。這一點前文已有涉及。
〔註112〕　許鳴磐：《方輿考證》卷四十六，中華再造善本影印清濟寧潘氏華鑒閣本。
〔註113〕　蔣忠義等：《近年揚州城址的考古收穫與研究》，見《東南文化》1992 年第 2

年考古發掘報告》則據南宋王象之《輿地紀勝》卷三十七揚州「新舊城」條，認為堡寨城為紹興年間知揚州郭棣築。〔註114〕今檢吳廷燮《南宋制撫年表》及李之亮《宋兩淮大郡守臣易替考》〔註115〕，知郭棣知揚州在孝宗淳熙年間，而高宗朝揚州守臣並無名郭棣者。更重要的是，王象之《輿地紀勝》卷三十七揚州「新舊城」條，所記為「郭棣知揚州」云云，並無「紹興中」這一時間界定。顧祖禹所記「紹興中，郭棣知揚州」，其「紹興中」三字實為誤增，許鳴磐《方輿考證》、嘉慶《大清一統志》及光緒《增修甘泉縣志》輾轉沿襲，同誤。且以上諸書皆有「中夾甬道，疏兩濠……謂之大城」〔註116〕之句，據上文關於宋大城、夾城、堡寨城方位的考述，可知此「大城」實為「夾城」。「大」、「夾」或因形近而訛，但諸書似不可同時於同一處出現訛誤，其間必有因襲之關係，反映出後人對宋大城與夾城也混為一談。今人在整理考古資料的過程中，由於對郭棣知揚州的時間未加考辯，誤信相關志書所記，以至於對《輿地紀勝》的理解也出現偏差。最近公佈的關於南宋揚州寶祐城的考古報告，仍然認為紹興間有郭棣築城之舉，〔註117〕可見此說影響之長遠。除此之外，亦有將堡寨城的修建時間推後者。如汪勃認為「堡城建於南宋寶祐間，先稱堡砦城，簡稱為堡。」〔註118〕這種說法也未盡得其實。

期，第 152 頁。蔣先生在《隋唐宋明揚州城的復原與研究》一文中，依然沿襲了這一錯誤，說「紹興年間（1131～1162），修築了堡城，與大城南北對峙。」見中國社會科學院考古研究所編著：《中國考古學論叢——中國社會科學院考古研究所建所 40 年紀念》，科學出版社，1993 年，第 447 頁。

〔註114〕 中國社會科學院考古研究所、南京博物院、揚州市文物考古研究所編著：《揚州城：1987～1998 年考古發掘報告》，第 48～50 頁。

〔註115〕 並參吳廷燮《南宋制撫年表》，中華書局，1984 年，第 463～468 頁；李之亮：《宋兩淮大郡守臣易替考》，巴蜀書社，2001 年，第 26～37 頁。

〔註116〕 洪汝奎等修，徐成勲等撰：（光緒）《增修甘泉縣志》，（臺北）成文出版社 1983 年影印本，第 293 頁。

〔註117〕 中國社會科學院考古研究所等：《江蘇揚州南宋寶祐城東城門北側城牆和東側城壕的發掘》，《中國國家博物館館刊》2015 年第 9 期，第 91 頁；同期所刊汪勃、王小迎的《揚州南宋堡城和寶祐城的發掘與研究》一文，亦認為紹興中，郭棣知揚州，築堡寨城。此前的考古報告中，往往亦有誤識，此不一一備俱。

〔註118〕 汪勃：《揚州城遺址唐宋城磚文內容之研究》，收入《江淮文化論叢》，文物出版社，2011 年，第 156 頁。按，汪勃在前文中又有「夾城始建於南宋紹興年間」的觀點，並誤。不但如此，在汪勃關於揚州城的系列文章中，這一認識反覆出現，如《揚州城遺址唐宋城時期用磚規格之研究》、《揚州城遺址蜀崗上城垣蠡測》兩文中即有類似的說法。其中最後一文更是說：「南宋初年『郭

　　弄清楚孝宗朝第二次建設揚州城的內容、時間及參與人物以後，接下來要進一步追問其背後的原因所在。唐代蜀岡上的子城，承襲六朝以來的基石，可謂歷史悠久。但在北宋時期，蜀岡之舊城一直處在荒廢的狀態，淳熙初年，孝宗爲何要如此大規模地開啓揚州城牆建設呢？關於這一問題，孝宗時人閻蒼舒的七言詩《贈郡帥郭侯》，爲我們提供了第一手材料。作爲當時人的見解，這首詩恰好可以解決這個問題，值得引在這裡。詩曰：

> 東南形勝惟揚州，介江負淮作襟喉。
>
> 有國以來幾百戰，弔古千載空悠悠。
>
> 哀哉荒主與蕩子，鈍盡鐵劍崇倡優。
>
> 迷樓九曲爛如畫，珠簾十里半上鉤。
>
> 當年二十四橋月，曾照三十六宮秋。
>
> 平山堂上一長歎，但有衰草埋荒丘。
>
> 歐仙蘇仙不可喚，江南江北無風流。
>
> 何人復誦廣陵散，黯然悲恨不可收。
>
> 只今英主正用武，增五萬竈屯貔貅。
>
> 金城堅築壯營壘，綺段細錯良田疇。
>
> 神謨廟算萬全舉，天時既至須人謀。
>
> 將軍山西名將種，家聲直到青海頭。
>
> 男兒有死必報國，正當爲上分此憂。
>
> 勉旃速辦古人事，貂蟬本自出兜鍪。〔註119〕

孝宗朝，揚州郡帥姓郭者，唯郭棣一人，所以可以斷定此詩作於郭棣任職揚州時。詩中最值得注意的，是「只今英主正用武，增五萬竈屯貔貅。金城堅築壯營壘，綺段細錯良田疇。神謨廟算萬全舉，天時既至須人謀」這幾句。「英主」當然非孝宗莫屬，「正用武」是「恢復之志」的顯露，而「金城堅築壯營壘」則正是郭棣築城之事。所可注意者，閻蒼舒注意到，只有通過中央與地方的有效互動，也就是「萬全舉」必須與「人謀」，「恢復」最終才可能由志向變爲現實。此詩是寫給郭棣的，意思當然是說，郭棣是可共與謀事，能爲

棣築堡城」，即北宋初期已有堡（寨＼砦）城，可稱爲堡（寨＼砦）城時期。」可謂一錯再錯。後兩文並收入《江淮文化論叢》（第二輯），文物出版社，2013年。

〔註119〕　見北京大學古文獻研究所編：《全宋詩》，第43冊，第26877頁。

孝宗「分憂」的能臣。所以回到上面的問題，淳熙初年大規模的揚州城建，實是孝宗意欲實踐「恢復」之志最爲直接的表現；當時的宋人對此已有清晰地認識。這首詩清楚地表明，「恢復」不僅僅表現在中央的，更需要地方在軍政方面予以有效地配合。

今人的研究也有類似的結論。宋人羅大經說「孝宗幼年，規恢之志甚銳，而卒不得逞者，非特當時謀臣猛將凋喪略盡，財屈兵弱，未可展布，亦以德壽聖志主於安靜，不忍違也。厥後蓄積稍羨，又嘗有意用兵」〔註 120〕。余英時先生通過考察孝宗朝君臣關於財政狀況的言說，指出「蓄積稍羨，又嘗有意用兵」，「只能是淳熙初年的事」〔註 121〕。現在有上面閻蒼舒之詩爲證，更爲這一論斷添一有力證據；南宋揚州城建與孝宗實踐其恢復之志，之間顯然有直接的關聯。事實上堡寨城與夾城的修築，使得揚州形成北、中、南三城相連的布局。（參圖 1－6）其中堡寨城地勢最高，與夾城一起，主要用途在於軍事方面；這一點很清楚地體現在當時郭棣的意識中。據《輿地紀勝》揚州「新舊城」條，郭棣認爲揚州州城的現狀是，「處勢卑漊，遭敵襲瞰，則爲在股掌中。敵亮之來，厥咎可監，請即遺址建築」之記載。郭棣從當時揚州的城防現狀，以及紹興末年揚州城陷的歷史教訓兩個方面說事，〔註 122〕在歷史與現實兩個方面因素的作用下，請於蜀崗唐代子城遺址上創新城，其建城的軍事意識相當明顯。今人利用考古資料進行的研究，也大致認同這一點。〔註 123〕堡寨城與夾城的修建，不但是孝宗朝政治動向的直接體現，也爲南宋後期揚州的軍事防禦奠定了基礎。

〔註 120〕 羅大經撰、王瑞來點校：《鶴林玉露》（丙編）卷四「中興講和」條，中華書局，1983 年，第 302 頁。

〔註 121〕 余英時：《朱熹的歷史世界》（上篇）第七章「黨爭與士大夫的分化」，生活‧讀書‧新知三聯書店，1994 年，第 352～354 頁。

〔註 122〕 從歷史方面來講，五代十國時期亦有南唐陸孟俊以蜀崗逼揚州的故事。周世宗征吳時，以南唐揚州無備，順勢將其攻下，由韓令坤領州事。然南唐將領陸孟俊憑藉蜀崗之地理優勢，最終迫使韓令坤棄城而走，南唐收復揚州。五代末期，蜀崗上唐代舊城乃成廢墟，陸孟俊所可憑藉者主要是地理優勢。以此對照，可更好理解孝宗時期堡寨城以及夾城修建的軍事意義。

〔註 123〕 可以參看李久海：《論揚州宋三城的布局和防禦設施》，《東南文化》2000 年第 11 期，第 56～59 頁。

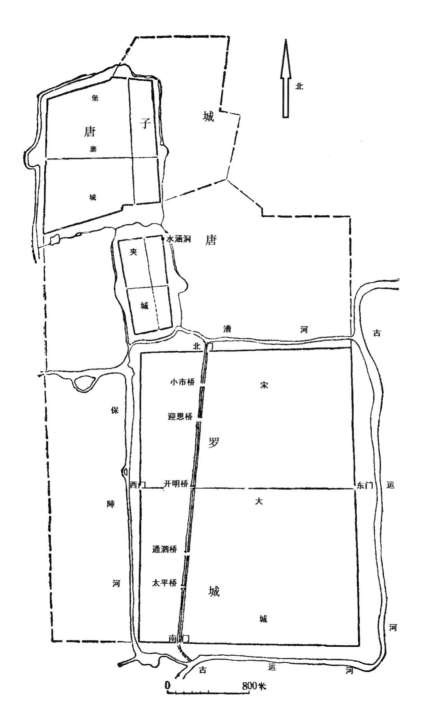

圖 1－6：據考古發掘繪製南宋揚州三城平面圖

（據《考古》1990 年第 7 期，第 609 頁附圖改繪）

三、孝宗「末年之政」與揚州城池建設

孝宗淳熙八年（1181）閏三月「庚寅，修揚州城」﹝註124﹞，這是孝宗朝第四次詔修揚州城。關於這一次修城的詳細情況，傳世文獻幾無記載，考古發掘也未能提供相關證據，故具體情形，不得而詳。史載淳熙八年正月「揚州火」﹝註125﹞，同年閏三月即詔修城。揚州火災能入載正史，表明此次災異影響甚大，故頗爲懷疑此次修城與揚州火災有關聯。但針對「修揚州城」並無具體的限定，此次修城似爲全面整修，則其背後仍有待發之覆；火災或只是導火線而已。由於史料的限制，接下來的討論不能直接切入；但若旁敲側擊，仍能從中窺測到揚州修城與當時政治局勢之間的一些關聯。

淳熙八年揚州修城之時，揚州守臣爲鄭良嗣。鄭氏守揚州在淳熙七年（1180）十月至淳熙十一年（1184）正月期間，爲孝宗朝知揚州爲時最長者。鄭氏的赴任時間又恰與王淮除相相先後﹝註126﹞，而王淮也是孝宗朝任相最久之人。中央與地方的人事任用之間有沒有一定的關聯呢？今人的研究指出，淳熙八年王淮上臺的背景，是高宗與孝宗就「安靜」與「恢復」達成妥協，確定了一個修正版的「國是」。在這個「國是」構架下，孝宗暫時擱置了他關於「恢復」的衝動，而王淮執政更多地體現著高宗關於「安靜」、「和議」的需求。﹝註127﹞就揚州的城防建設而言，見存文獻確實未見孝宗朝此後再有任何修城舉動。那麼鄭良嗣到底是不是爲了維持「安靜」而特意安排在重鎮揚州的人選呢？特別需要指出的是，當淳熙十一年正月鄭良嗣轉「秘閣修撰」之時，官方給出的原因是「守邊累年，安靜不擾」﹝註128﹞。這究竟是實在的讚譽抑或背後另有意圖？由於見存鄭氏的傳記資料相當有限，這裡只結合鄭

﹝註124﹞ 脫脫等：《宋史》卷三十五《本紀第三十五·孝宗三》，第 675 頁。

﹝註125﹞ 馬端臨：《文獻通考》卷二百九十八《物異考四》，中華書局，2011 年，第 8126 頁。又見《宋史》卷六十三《志十六·五行二上》，第 1381 頁。

﹝註126﹞ 據《宋會要輯稿》職官六二之二二，鄭氏知揚州在淳熙七年十月二十四日；而王淮除相在淳熙八年八月癸丑，參《宋史》卷二百一十三《宰輔表四》，第 5583 頁，並徐子明撰、王瑞來校補《宋宰輔編年錄校補》（第三冊）卷十八，中華書局，1986 年，第 1245～1246 頁。

﹝註127﹞ 實際上，這裡面牽涉到的內容相當複雜，包括黨爭、財政、高宗的幕後操作、孝宗的個性等等，以上的敘述當然只是就大關節處而言，詳細的考論可以參看余英時《朱熹的歷史世界》，特別是其中第五章關於「國是」的部分、第九章關於王淮執政的部分以及第十二章關於孝宗「末年執政」的部分。

﹝註128﹞ 徐松輯，劉琳等點校：《宋會要輯稿》職官六二之二四～二五，第 8 冊，第 4734 頁。

氏的身份背景及鄭氏前後揚州守臣的人選特點，對這一問題略作推論。

鄭良嗣任職揚州，始於淳熙七年十月二十四日，前文提到的郭棣卸任揚州守臣在淳熙六年五月。在其間一年多時間裏，揚州守臣有三次更換，先後爲徐子寅、薛居實和王佐。其中徐子寅在赴任揚州以前，已得孝宗賞識，特別是徐氏關於兩淮營田、屯田的言論，孝宗聞之「大悅」，以爲「備邊之至計。」其揚州之任，更得孝宗御筆賜書。薛居實對淮東情狀也甚爲熟悉，因奏陳邊事而深得孝宗嘉許，故有揚州之任命。〔註129〕王佐在秦檜當政時期已顯正直個性，孝宗曾以爲「守臣連坐，未有佐比，且數思其才。」〔註130〕鄭良嗣下任張杓，乃張浚之子，張栻之弟。其才能早已爲孝宗所聞，《宋史》張浚附傳載張杓「方年少，已有能稱。浙西使者薦所部吏而不及杓，孝宗特令再薦。召對，差知袁州，戢豪彊，弭盜賊。」後來張杓在湖北任上奏事，孝宗「大喜，諭輔臣曰：『張浚有子如此。』」〔註131〕可以看出，作爲抗金名將之子，以及理學家之弟，張杓實乃孝宗器重之人。這應該是他有揚州之任的一個重要原因。張杓的繼任者爲高夔。疑爲宋人所撰的《翰院新書・前集》卷二十三「司農寺」條有「親擢高夔」一目，注曰「周益公（必大）集，高夔，字仲一，上親擢爲司農少卿，倉庾地卑，君始梁空敷板，米以不腐。」〔註132〕檢周必大《文忠集》，有慶元六年（1200）所撰《淮西帥高君（夔）神道碑》，裏面提到高夔之父高溥，以紹興末年宋金講和而「憂憤以沒」；而孝宗皇帝「未嘗一日忘北向，以君（按：指高夔）數畫安邊闢國之策，由是倚爲長城」〔註133〕。明白了高夔的家庭背景，

〔註129〕 徐子寅、薛居實的事蹟，分見樓鑰：《攻媿集》卷九十一《直秘閣廣東提刑徐公行狀》；卷九十《直秘閣知揚州薛公行狀》，臺灣商務印書館 1986 年影印文淵閣《四庫全書》本，第 1153 冊，第 406～411、393～396 頁。

〔註130〕 陸心源：《宋史翼》卷十三《王佐傳》，中華書局，1991 年，第 141 頁。

〔註131〕 以上引文見《宋史》卷三百六十一《張浚傳》，第 11311～11312 頁。另，同卷張浚附傳又記「（張）杓天分高爽，吏材敏給，遇事不凝滯，多隨宜變通，所至以治辨稱。南渡以來，論尹京者，以杓爲首。」而《大清一統志》卷三百十三綿州人物條記，「孝宗觀湖，杓以彈壓伏謁道左，孝宗止輦問勞，賜以酒炙。」凡此之類，皆可見張杓之才及孝宗對他的器重。

〔註132〕 佚名：《翰院新書・前集》卷二十三「司農寺」，「親擢高夔」條，臺北商務印書館 1986 年影印文淵閣《四庫全書》本，第 949 冊，第 185 頁。按，明人彭大翼《山堂肆考》卷五十二亦有「主上親擢」條，所記與此類似。見臺北商務印書館 1986 年影印文淵閣《四庫全書》本，第 975 冊，第 72 頁。

〔註133〕 周必大：《文忠集》卷六十五《淮西帥高君（夔）神道碑》，臺北商務印書館 1986 年影印文淵閣《四庫全書》本，第 1147 冊，第 689 頁。樓鑰《攻媿集》卷三十四，有高夔知盧州之敕書，其中有「以爾習熟淮甸，有志事功，故因

外加上他突出的才能，他得到孝宗的賞識，爲後者所信賴並視爲實踐「恢復」的有力助手，就很容易理解了。高夔之後，孝宗末年的揚州守臣，還有趙子濛、雄飛、鄭興裔三人。他們任職期間，或未修城、建城，但他們也都是孝宗賞識、信賴之人。趙子濛是宋太祖六世孫，孝宗對宗室的認同感與任用率，較宋代其他帝王更爲突出，早已爲學人所指出〔註 134〕，淳熙十二年四月詔知揚州時，孝宗曾說「子濛亦是肯做事人」〔註 135〕。雄飛是孝宗欽點的三路帥臣之一〔註 136〕；鄭興裔則是顯肅皇后外家三世孫。孝宗「善其數論事」，對他本人不但有「識時務，習吏事」的評價，更有「行當用卿」之許。《宋史》本傳更對其有「以材名結主知，中興外族之賢，未有其比」〔註 137〕的評價。

上面對孝宗朝揚州守臣的考察，主要用意並非突出揚州守臣的個人品行或才能，事實上他們其中一些在任上往往也有不端的行爲，這裡要強調的是：孝宗的直接肯定是他們任職揚州的一個重要背景，在任職揚州之前他們多是孝宗賞識、信賴之人。他們可視爲前引閻蒼舒詩中所謂能爲孝宗「分憂」的一類。〔註 138〕基於這一點，筆者推測鄭良嗣也應該屬於此類。若結合其身份背景，這一推測便更容易理解。鄭良嗣之父鄭剛中曾因得罪秦檜而遭消官，最終被構陷、迫害致死；鄭良嗣也因此受到牽連，遭「追毀出身以來告敕文字，除名勒停，永不收敘。」〔註 139〕所以其在政治取向上與秦檜及高宗所主

以邊焉。內有以固吾圉，外有以宣王靈」之語。此雖是勉勵之辭，但必有其針對性，故而也值得注意。見臺北商務印書館 1986 年影印文淵閣《四庫全書》本，第 1152 冊，第 622 頁。

〔註 134〕 賈志揚：《天皇貴胄：宋代宗室史》（趙冬梅譯）第八章「宗室與權力界限」，江蘇人民出版社，2005 年，第 175～185 頁。

〔註 135〕 徐松輯，劉琳等點校：《宋會要輯稿》職官六二之二六，第 8 冊，第 4735 頁。

〔註 136〕 周必大：《文忠集》卷一百四十五《論密院經除文臣帥》，文淵閣《四庫全書》本，第 1148 冊，第 581～582 頁。按，據必大自注，此文作於淳熙十五年八月二十日。

〔註 137〕 以上參考《宋史》卷四百六十五《外戚傳下·鄭興裔傳》，第 13593～13595 頁。

〔註 138〕 這裡另有一問題需稍作說明，即孝宗朝揚州守臣的任職時間各有長短，這裡面的原因是多樣的。舉例來說，徐子寅是另有高就，故而換以他人；薛居實是卒於任上，故以王佐替之；錢之望則是孝宗直接任命；而制度上的職官選任程序也應該起到一定的作用。無論如何，就本文而言，主要強調的是揚州守臣爲孝宗親信之人，至於任職時間，則是另一問題。

〔註 139〕 徐松輯，劉琳等點校：《宋會要輯稿》職官七〇之三三，第 8 冊，第 4933 頁。

張的議和有別是很可理解的。鄭氏在孝宗朝再被起用，在任職揚州以前，曾數任地方要員，先後爲浙東提舉〔註140〕、福建提刑〔註141〕，就很能說明問題。而其揚州之任，也是因爲「措置酒務有勞」〔註142〕。明白了鄭良嗣的身份背景及孝宗朝揚州守臣的人選特點，則鄭氏任內是揚州修城，便容易理解了；此舉也應該視爲「恢復」背景下，地方上的實際舉措。

　　鄭良嗣於揚州修城雖是個案，卻有重要的指示意義。淳熙八年王淮主政，以維持「安靜」爲首要宗旨，在中央人事任用方面，多有安插王淮一系的人物。但藉鄭氏揚州修城之個案，可知在地方上，孝宗卻仍然有謀求「恢復」的積極準備，並未完全「擱置」他的志向。〔註143〕中央與地方在一定程度上並未保持相同的步調。以往的研究認爲孝宗的「末年之政」，始於淳熙十四年十月高宗去世之後。這一說法似乎只能適用於當時中央的人事變動與政治布局；在地方上，淳熙十四年（1187）高宗去世以及王淮罷政以前，就已經存在相關軍事舉措，揚州城建只是一個具體的實例而已。實際上地方上這一潛在態勢基本貫穿孝宗一朝，所謂「末年之政」則只是更爲明顯地愼重其事，將「恢復」的政治取向，放到更高的「國是」層面。總而言之，通過對淳熙八年以後揚州城建以及人事變動的考察，可知只關注中央層面的動態，尚不足以準確地把握孝宗的「末年之政」，更不能全面地認識「孝宗恢復」的歷史過程。淳熙年間鄭良嗣接任揚州，爲時甚長且主持修城，其間包含著孝宗的政治考量，通過對這一段史實的考察，爲認識「孝宗恢復」及其「末年之政」提供了一個很好的視角。

　　最後需要注意的是，光宗朝也有一次修揚州城的舉措。孝宗的晚年部署與光宗一朝緊密相連，所以光宗朝的揚州城池建設，也應該放到「末年之政」的背景下進行分析。史載紹熙三年（1192）七月「壬辰，修揚州城。」〔註144〕

〔註140〕　張淏：《寶慶會稽續志》卷二《提舉題名》，《宋元方志叢刊》（第7冊），中華書局1990年影印清嘉慶十三年（1808）刻本，第7118頁。
〔註141〕　梁克家：《淳熙三山志》卷二十五《提刑司官》，《宋元方志叢刊》（第8冊），中華書局1990年影印明崇禎十一年（1638）刻本，第8004頁。
〔註142〕　徐松輯，劉琳等點校：《宋會要輯稿》職官六二之二三，第8冊，第4933頁。
〔註143〕　筆者據吳廷燮、李之亮的著作，對淮東地區的守臣有整體觀察，限於篇幅這裡不能完全展現出來。但通過對淮東守臣身份的考察，可知揚州守臣的任用特點，絕非特定政區的個案現象。孝宗朝地方政區特別是宋金交界政區的人事任用，著實有一以貫之的特點，與中央多有不同。此一問題已溢出論文主題，故留俟再考。
〔註144〕　脫脫等：《宋史》卷三十六《本紀第三十六‧光宗》，第703頁。

關於這一次修城，同樣沒有留下任何詳細記錄，所以接下來的分析亦依前例，從當時的揚州守臣入手。紹熙三年守揚州者爲錢之望（1131～1199），據葉適《華文閣待制知廬州錢公墓誌銘》，錢之望在「揚三年〔註145〕，及前後反覆爲上言，大抵以屯田、民兵、萬弩手、山水寨爲進戰退守之要。始未皆守一說，思虜皆執一意，非若他視時上下，隨世改易，揣摩而投合之也。」錢之望爲孝宗乾道五年進士，可知錢氏不但在光宗朝言「進戰退守之要」，其在之前的孝宗朝也多留意屯田、民兵、萬弩手、山水寨之類的軍事諸事。考錢之望所言三邊戰守事宜，他特別強調了揚州的戰略地位，「揚州有三城、三塘，楚有大、小清河，淮東恃此」；針對淮東戰守事宜，他曾言：「臣睹諸軍氣息，今昔頓殊，昔欲戰不欲守，今言守不言戰，馴致疾懊，十年之外，雖守不能矣。」言外之意是希望邊境諸軍能有戰鬥之精神氣質，所以他很贊同淮東屯兵的舉措，認爲諸軍藉此不至於消磨鬥志，將來亦可「苦戰立勳」。據葉適所記，「孝宗省奏，太息曰：『方天下無事，人樂安靜，今言守不言戰，莫言更張，此論可謂深憂矣！』」可見錢氏的議論與孝宗試圖「更張」的「恢復之志」是合拍的。孝宗曾讓當時尚處太子位的光宗「熟看」錢之望關於「三邊戰守事」的奏疏，並特意叮囑太子：「和親久，材無所施，更無事，當遂委靡。朕思之懍然，太子宜常在念。錢某可使帥揚州。」〔註146〕此足見錢之望的揚州之任是孝宗在內禪之前的特意安排。事實上，光宗朝（1190～1194）的揚州守臣一直是錢之望，未曾更替。明乎此，則光宗朝的揚州修城，實際上仍是孝宗意志主導下的舉措，與淳熙八年的揚州修城是類同的。余英時先生曾說，光宗一朝與孝宗的晚年部署「同始同終」〔註147〕，揚州守臣的任用與城牆建設的展開，同樣應該視爲孝宗末年之政在地方上的具體實例。

四、揚州城池建設與地方視野中的「孝宗恢復」

以上大體以時間爲序，考察了南宋孝宗時期揚州的幾次城池建設。就區域城池建設而言，此間揚州的城防建設整體上在淮東地區表現更爲突出；就揚州的城池建設而言，孝宗時期的建設，在整個兩宋時期的揚州城池建設上

〔註145〕 據吳廷燮、李之亮考證，錢之望守揚州有四五年的時間，基本上貫穿光宗一朝。詳見李之亮《宋兩淮大郡守臣易替考》，第36～37頁。

〔註146〕 葉適著，劉公純等點校：《葉適集》之《水心文集》卷十八《華文閣待制知廬州錢公墓誌銘》，中華書局，1961年，第341～347頁。

〔註147〕 余英時：《朱熹的歷史世界》第十二章「皇權與皇極」，第769頁。

都佔有最突出的地位。我們現在要追問的是，孝宗時期揚州的城池建設爲何表現得如此突出？要回答這個問題，需要對南宋高宗、孝宗兩朝政局變動，特別是孝宗皇帝的政治取向有清晰地認識。

孝宗一向被認爲是南宋大有爲的一個皇帝，他的「恢復之志」，「不以群議而少移」〔註148〕。此爲南宋理宗朝呂中在評論隆興和議時說的話，作爲當時指導學生科舉考試的參考資料，這應該是對孝宗朝的一個整體論斷，且爲時人普遍接受。孝宗的「恢復之志」在從理想轉變爲現實之前，必須在實際層面有相應的舉措，今人的相關研究，豐富了我們對這方面的認識。〔註149〕然而研究者多關注當時中央的人事變動與政治運作，缺少對謀求「恢復」的具體行動的考察，其中特別對地方的實際舉措少有留意，宋金對峙區域的軍事舉動更是如此。這樣的研究取向其來有自，如《錢塘遺事》卷二「孝宗恢復」條，記南宋「高宗之朝，有恢復之臣，而無恢復之君。孝宗之朝，有恢復之君，而無恢復之臣；故其出師才遇少衄，滿朝爭論其非，屈己請和而不能遂孝宗之志。」〔註150〕針對南宋的「恢復」問題，作者特別強調了當時君臣遇合與否；這著實是一個重要方面，關係到「恢復」能否順暢展開。可注意者，這裡的「臣」當是在朝之臣，著眼點主要側重在中央而非地方；所謂「滿朝爭論其非」，就是針對孝宗朝的中央輿論而言。這種著眼於中央的傾向，經過今人的進一步闡釋，我們對孝宗朝關於「恢復」的話題如何在士大夫群體中展開，如何影響當時上層的人事變動與政治運作等問題，會有比較清楚地認識。但所謂「恢復」，絕非僅僅是「坐而言」，最後必須上升到「起

〔註148〕 呂中撰，張其凡、白曉霞整理：《類編皇朝中興大事記講義》卷二十《孝宗皇帝·和議》，上海人民出版社，2014 年，第 738 頁。

〔註149〕 比較有代表性的著作，如余英時的《朱熹的歷史世界——宋代士大夫政治文化的研究》，生活·讀書·新知三聯書店，2004 年。日本學者寺地遵的《南宋初期的政治史研究》（劉靜貞等譯），（臺灣）稻香出版社，1995 年。柳立言的《南宋政治初探：高宗陰影下的孝宗》，《中央研究院歷史語言研究所集刊》1986 年第 57 本第 3 分，收入《宋史研究集》（第十九輯），（臺北）國立編譯館 1989 年版，第 203～256 頁。其中尤其以余英時的著作，對高、孝的政局變動，有相當深入而精闢的分析。

〔註150〕 劉一清：《錢塘遺事》卷二《孝宗恢復》，臺灣商務印書館 1986 年影印文淵閣《四庫全書》本，第 408 冊，第 973 頁。關於劉一清的具體身份，目前學界還沒有定論，但其人爲入元之南宋遺民則大體無疑。相關考述，可以參看王瑞來：《鏡古孰非殷監呈——〈錢塘遺事〉考述》，《四川師範大學學報》（社會科學版）2003 年第 4 期。

而行」的階段；否則「恢復」在相當程度上便失去了其實際的意義，也不會是孝宗所期待的最後狀態。所以僅憑藉這些集中在上層或者中央的論述，尚不足以全面認識「孝宗恢復」。《錢塘遺事》中「出師才遇少卹」的說法，雖然已經涉及具體的行動，可惜在作者的言說中，這只是誘因，並非最後想要強調的重點。試想，若南宋朝廷出師大捷，也就無所謂滿朝爭論；故而要討論「孝宗恢復」，彼時地方社會的軍政動態不能置之不論。這是「恢復」至關重要的一環，直接關涉到「恢復」的成敗與否。所以只從中央層面分析「孝宗恢復」，便會造成認識上的缺陷與偏差。

從這個意義上講，若著眼於地方，則孝宗時期揚州的城池建設正可視爲「孝宗恢復」背景下地方社會的實際舉措。南宋高宗偏安和議，孝宗意主恢復，高、孝兩朝揚州的城池建設，在次數、規模、實效等方面的前後差別顯著，便是很好的說明。具體到孝宗朝，時人對揚州城池建設的意義已有清楚地認識，前面在談到淳熙間郭棣於揚州築城時，曾引到閭蒼舒的七言詩《贈郡帥郭侯》，就是一個最直接的實例。呂中在《類編皇朝中興大事記講義》之孝宗皇帝「圖恢復」條記：

> 江北諸城，濬隍增隍；沿淮分戍，鼓聲達於泗、潁。蓋無一日不爲恢復之事。〔註151〕

此言同樣將城池修築與「圖恢復」關聯起來，前者的現實意義是很明確的。事實上，揚州作爲江淮重鎮，是宋金對峙時期宋方重要的戰略據點，其城池建設之重要性可以想見，孝宗朝重視其地的城池建設毋寧是很自然的舉措。但這裡之所以強調城池建設與「孝宗恢復」之間的關聯，也有特殊的用意所在，即從地方視野中觀察孝宗時期的軍政動態，探究「孝宗恢復」背景下中央與地方的互動關聯。在這個基礎之上，糾正以往認識上的一些缺陷與偏差，以期對「孝宗恢復」有更爲全面地認識。上面第二節通過對南宋孝宗朝揚州城池建設的個案考察，在釐清基本史實之外，主要想強調以下幾個方面：

一、「孝宗恢復」不僅僅只體現在中央之人事變動與政治運作上，在地方上也有實際的舉措。所謂「恢復」，最終必須要落實到實際的行動上來，否則就沒有多少實際意義可言。從這個角度來說，地方上的軍政動態是認識「孝宗恢復」不可忽視的一環，而宋金對峙的邊境地區則尤其需要關注。通過對

〔註151〕 呂中撰，張其凡、白曉霞整理：《類編皇朝中興大事記講義》卷二十二《孝宗皇帝・圖恢復》，第 769 頁。

揚州個案的考察，可知孝宗朝地方政區著實有積極的準備舉措，作爲對中央政策的因應。孝宗朝對地方城池建設表現之積極，相對於北宋時期對地方城池修築整體上的消極態度，形成明顯的反差。這受到南北政治形勢大變化的影響，但孝宗的個人因素同樣不可忽視；他的「恢復情結」是一股重要的推動力。孝宗時期揚州的城池建設，無論在規模還是次數上，都超過之前的宋代其他時期，並且爲南宋後期揚州的城防奠定了重要的基礎，這與孝宗的政治取向有直接的關聯。

二、針對「恢復」，地方與中央互動的舉措，有合拍也有脫節。所謂合拍，如上一點所強調，即中央與地方同時有相應的舉措。關於脫節，即「孝宗恢復」儘管在中央層面曾有受阻，但地方上的各類預備舉措並未因此而完全停止。通過本文對孝宗朝揚州的個案考察，可知「恢復」不但在地方上有實際的舉措，而且連續性更強。一方面城池建設能逐步展開與鞏固；另一方面，相較於中央執宰及大臣隨「國是」的變動而更替，地方上的人事任用，更能長久地保持一貫的特點；揚州守令任用多是孝宗特別器重且在對金政策取向上與他同調的精幹之人，便是最好的說明。凡此之類，表明通過對地方軍政動態的考察，不但可以彌補以往研究中側重在中央的缺陷，而且也能夠糾正由此缺陷所造成的認識偏見。均有助於我們對「孝宗恢復」作更爲全面的認識。孝宗恢復之志在中央雖無法全面展開，但在地方上卻有更大的施展空間。彼時中央與地方的互動以及差異，於此可見一斑。

三、朱熹等人所謂孝宗「末年之政」，主要是從中央層面著眼的說法。所謂「末年之政」，強調的是淳熙十四年以後中央層面的人事調動與政治部署與王淮執政時期的對比。此間，孝宗招納大批理學型士大夫入朝，他們針對內外政策的態度更爲積極，與王淮乃至高宗朝的保守態度形成對比。但若著眼於地方，則孝宗末年較之以往並無太大的反差，毋寧是堅持一貫的立場。就揚州而言，所謂「末年之政」的用人態度和舉措，早在淳熙十四年高宗逝世及王淮罷政以前便已體現出來。揚州人事任用及軍政方面的積極舉措，基本貫穿孝宗一朝，無需等到末年才體現出來。

最後需要說明的是，以上的推論是基於對孝宗朝揚州城池建設的考察，但揚州畢竟只是南宋時期的邊境城市之一，而且當時揚州與「恢復」相關的舉措，也不止於城池建設這一個方面。所以要想全面瞭解南宋孝宗時期的地方軍政及其與「恢復」之關係，需要對更多的地方區域的軍政動態作系統分

析，然後將不同區域的具體情形統合起來觀察，呈現整體的形態。這是全面認識「孝宗恢復」不可缺少的環節。〔註152〕

第三節　修繕與擴充：南宋後期的揚州城池建設

　　孝宗朝以後，揚州三城之格局大體形成，此後的揚州城池建設大體即在此基礎上進一步展開。在南宋後期的諸次城池建設中，後世提及比較多的是崔與之、賈似道、李庭芝任內的三次修城舉措，但事實上寧宗及其以後的南宋時期，修城不止三次。個人因素在這些修城舉措中有一定的促進作用，但更主要的還是受到軍事因素的影響，是宋廷在與異族政權對峙的背景下出現的舉措。南宋後期的城池建設可概括為兩個方面：一是對蜀崗下宋大城（州城）、夾城的修繕；二是對蜀崗上堡寨城的擴充。其中擴充又包含兩項內容，一是將城牆向東延展，形成寶祐城；二是在堡寨城西部偏南位置築城包平山堂。這一小節即針對這些問題作詳細地考辨。

一、寧宗朝開禧北伐前後的兩次修城

　　慶元五年（1199）六月十六日，樞密言：「修治揚州城壁，其諸州起發磚灰，恐有計囑弊幸。」遂「詔令殿前司，將來興工，磚坯仰督責合干人，務要堅實。」從詔令中「將來興工」的用語，推測寧宗慶元五年似乎有修揚州城的規劃，至六月份尚未具體展開。又同年八月三日，詔：「殿前司見差揚州修城官兵二千人，並令鎮江都統制司更就差武鋒軍一千人，並權聽安撫郭杲節制，措置修補城壁，卓立樓櫓，修治女牆等，以為經久之計。」結合前後兩條材料，可知寧宗慶元年間確有醞釀揚州修城之事，至慶元五年八月已轉化實際行動。從「修補城壁，卓立樓櫓，修治女牆」的記載來看，此次城防建設項目較多，一方面修補舊牆，另一方面也新建樓櫓、女牆。這次修城是「從帥臣郭杲之請」〔註153〕，但具體是針對宋三城中的那一部分，見存文獻並沒有明確的說明，或是就整體而言，三城皆包括在內。慶元五年的修城舉措，當與寧宗初期對金的政治取向有關。寧宗即位以後，韓侂冑因功弄權，將大批不同政見的士大夫排擠出外，成專權

〔註152〕這裡關於地方視野中「孝宗恢復」的討論，筆者有《南宋孝宗朝揚州城池建設考——兼論地方視野中的「孝宗恢復」》一文，刊《史林》2016年第2期。基於體例的差異，在論述方式上與此處稍有不同，可互參。
〔註153〕《宋會要輯稿》方域九之二～三，第16冊，第9448頁。

之勢。葉紹翁的同鄉葉洪在慶元間曾向寧宗說：「（韓）侂冑弄權不已，必至弄兵。」〔註154〕開禧二年（1206）之北伐，正是事態逐步發展的結果。所以慶元末年的揚州修城，當放到開禧北伐的背景下去理解。

開禧北伐，無功而返。當時兩淮一帶包括真州在內的城市，不乏一度被金兵佔據者。袁燮在《秘閣修撰黃公（犖）行狀》中記黃犖曾言：「《春秋傳》記楚子入莒，莒以城惡而潰。比者維揚、襄陽城守不可犯，全椒、儀真蹂踐於金，可以為鑒。」黃犖這是將揚州、襄陽與全椒、儀真作對比，強調了前兩者因為城堅而敵「不可犯」，後者則因「城惡」而遭到金兵的踐踏。雖有以史為鑒，所言正是開禧北伐中事。基於這一認識，他認為「修城為當今之急務」。黃犖死於嘉定四年（1211），則他的話當說在嘉定之初。據袁燮所記，經過黃犖的建言，「天下皆堅城矣」〔註155〕。這種說法當然有些誇張，但嘉定間揚州確有修城之舉。嘉定七年（1214），崔與之主管淮東安撫司事，守揚州，修城即其任內之事。關於這次修城，崔與之本人有比較詳細的記錄流傳下來，值得詳引與此。在《揚州重修城壕記》中，崔與之說：

> 守揚州，登城臨眺形勢，謂濠河陻隘，褰裳可涉，守禦非宜。乃度遠近，準高下，程廣狹，量深淺，為圖請於朝。許之。河面寬十有六丈，底殺其半，深五分，廣之一，環繞三千五百四十一丈。壕外餘三丈，護以旱溝。又外三丈，封積土以限淋淤。又廣地七丈，以受土，使與危堞不相陵。復作業城五門為月河，總百十七丈。而南為裏河，又八十七丈。西北曰堡寨城，周九里十六步，相去餘二里。屬以夾城，如蜂腰，地所必守，左右尤淺隘，濬之，概如州城壕，計七百三十一丈，且闢女牆以狀其勢。外壕既深，水勢趨下，市河涸，不可舟。有警，芻餉難為力。又加深廣，造輿梁五。經始於八年八月，訖於九年九月，工一百一十五萬四百二十五，費朝家緡錢三十四萬八千七百五十六，米石二萬一千八百四十七。州家激犒，為緡錢五萬一千六百，節縮有道，勸懲有章，公私不以為病。〔註156〕

〔註154〕　葉紹翁撰，張劍光、周紹華整理：《四朝聞見錄》丙集「葉洪斥侂冑」條，上海師範大學古籍整理研究所編：《全宋筆記》第六編第九冊，大象出版社，2013年，第318～319頁。

〔註155〕　袁燮：《絜齋集》卷十四《秘閣修撰黃公行狀》，見《全宋文》卷六三八一，第281冊，325頁。

〔註156〕　崔與之撰，張其凡、孫志章整理：《宋丞相崔清獻公全錄》卷之一《言行錄》，第5頁。

崔與之重修城壕，「經始於（嘉定）八年八月，訖於九年九月」，爲時一年有餘，崔與之此次揚州城池修築的重點非揚州城牆，而是城壕。這從《揚州重修城壕記》這一標題中即可窺其端倪。其中「西北日堡寨城」以前的文字，係針對州城宋大城而言。「環繞三千五百四十一丈」（合今 11331 米）的說法，與實際測量差距較大，當以《宋會要輯稿》所記「十七里一百七十二步」（合今 10070.4 米）爲是。〔註 157〕據「壕外餘三丈，護以旱溝」之說，可知揚州州城外有水、旱兩條壕溝。這是比較特別的。在修整揚州蜀崗下宋大城城壕的同時，對夾城城壕也按照相同的標準，有疏濬的舉措。《宋史·崔與之傳》記：「州城與堡砦城不相屬，舊築夾土城往來，爲易以甓」〔註 158〕，與崔與之所謂「甓女牆以狀其勢」可互參，則在疏濬夾城城壕之外，也對夾城城牆有進一步地完善。隨著城牆外圍城壕的疏通，蓄水量增加，導致揚州州城內市河水位下降，影響漕運，所以崔與之對宋大城內市河也有一定疏通。總體來說，嘉定間崔與之的修城舉措包括城壕、夾城牆、市河三個方面，其中以城壕爲主要內容；而且根據崔與之所記，此次修城並未涉及堡寨城。所可注意者，從揚州州城水、旱兩條城壕以及崔與之籍修城牆以壯聲勢的言說來看，南宋揚州城軍事屬性是非常明顯的。

　　就見存文獻來看，崔與之任內的修城，是在內外兩個方面因素的影響下出現的。「濠河陻陋，褰裳可涉」描述的是揚州城池惡化的狀況，這是這次修城一個內在的前提條件。除此之外，還有兩個外在的促進因素也需要引起注意。一、據文獻所記崔與之「登城臨眺形勢」云云，繼而請之於朝，可知崔與之主動爲之的意識比較明顯，在揚州修城中有一定的促進作用。這是個人因素的影響，上文提到的地方守臣在修城中的自主性，於此得到體現。二、此次修城也受到外部軍政動態的影響。上引黃犖所謂「修城爲當今之急務」即是針對外部軍政動態而言的，具體到崔與之修城前一年（嘉定七年）的情形，則是「金虜爲韃靼所攻，棄燕來汴。李全復據京東，兩淮腹背受敵。」〔註 159〕金人與李全的兵馬雖尚未採取實際的侵擾行動，但

〔註 157〕　中國社會科學院考古研究所等：《揚州城：1987～1998 年考古發掘報告》第三章「蜀崗下城址的考古勘探」，第 48 頁。

〔註 158〕　脫脫等：《宋史》卷四百六《崔與之傳》，第 12258 頁。

〔註 159〕　崔與之撰，張其凡、孫志章整理：《宋丞相崔清獻公全錄》卷之一《言行錄》，第 4～5 頁。

揚州作爲淮東重鎮，對此不能沒有防備。實際上除修城之外，崔與之在揚州的倉儲建設、軍兵教閱、民兵募集等方面都有很積極的舉措。〔註160〕他強調「常時戒嚴，以守爲戰，非惟緩急不致誤事，亦可集事。」〔註161〕所以綜合來說，這些外在因素在一定程度上顯得更爲重要，其中特別是崔與之的積極意態。

然而，崔與之修城曾遭到時人的反對。開禧北伐失敗以後，宋方暫無能力再謀恢復之事，在整體戰略上，以保持安靜與維和爲主。〔註162〕所以儘管揚州修城是崔與之「爲圖請於朝」之後獲得宋廷認可的舉措，時人仍然擔心修城會成爲張惶之舉，〔註163〕破壞宋金和平的局面。從這裡可以看到政局變動與地方城池建設之間的互動關聯；若將寧宗朝先後兩次修城舉措做一對比，則這種互動關聯體現得就更清楚了。慶元間的揚州修城，是戰前準備，自然樂見其成；嘉定間修城，是戰後舉措，在宋廷試圖維持和平的背景下，無疑容易給人留下張惶生事的印象。〔註164〕然而，時人對揚州修城的態度是一問題，揚州城池修繕之後，成爲淮東地區重要的軍事屏障則是另一問題。針對南宋晚期的李全變亂，喬行簡曾言：「揚州城堅勢壯，足以坐制全淮，此曹未必無窺伺之心，或爲所入，則淮東俱非我有，不可不先爲之慮也。」〔註165〕此可見南宋揚州三城格局的形成及其數次加固之後，加重了揚州在淮東地區的軍政地位。葉適在給寧宗的箚子中曾有「今維揚、合肥，兩淮之根本」〔註166〕之語。

〔註160〕　參崔與之撰，張其凡、孫志章整理：《宋丞相崔清獻公全錄》卷之一《言行錄》，第6～7頁；亦參《宋史》卷四百六《崔與之傳》，第12258～12259頁。

〔註161〕　崔與之撰，張其凡、孫志章整理：《宋丞相崔清獻公全錄》卷之二《言行錄》，第11頁。

〔註162〕　韓侂胄死（在開禧三年）後，寧宗對大臣言：「恢復豈非美事，但不量力爾。」無論此語是寧宗在開禧戰敗後的自我反思，抑或是對韓侂胄的指責，多少能說明當時宋廷對宋金力量對比的態度。引文見佚名編，汝企和點校：《續編兩綱目備要》卷十六「嘉定十七年閏八月丁酉」條，中華書局，1995年，第303頁。

〔註163〕　崔與之撰，張其凡、孫志章整理：《宋丞相崔清獻公全錄》卷之二《言行錄》，第11頁。

〔註164〕　嘉定十一年（1218）八月，臣僚言「近見淮甸版築薦興，更戍日增」，嘉定間崔與之措置的揚州城池建設，應該是其重要的言說背景之一。參見徐松輯，劉琳等點校：《宋會要輯稿》蕃夷五之七一，第16冊，第9905頁。

〔註165〕　脫脫等：《宋史》卷四百一十七《喬行簡傳》，第12492頁。

〔註166〕　黃淮、楊士奇編：《歷代名臣奏議》卷九十七《經國》，上海古籍出版社，2012年，第1330頁。

二、寶祐城新探：考古發掘的啓示與賈似道的自敘

　　明清方志如嘉靖《惟揚志》、嘉慶《重修揚州府志》所附宋三城圖中，皆注有「寶祐城」（參圖1-7、圖1-8）。這是明清時期對於寶祐城的認識，這種認識也爲今人所承襲，大意即寶祐城與堡寨城只是名稱上的不同，兩者城池範圍則一致。相關考古發掘也多按照這一思路進行解釋，所以嘉靖《惟揚志》所謂寶祐城「周圍一千七百丈」的說法也被認爲是寶祐城與堡寨城的周長。〔註167〕但新近發表的關於揚州蜀崗上北城牆東段的考古報告則提供了新的信息，再結合前人未曾注意到的傳世文獻，特別是修城主事者賈似道自己的敘述，筆者認爲以往對寶祐城的認識尚有缺陷。寶祐城自賈似道修成以後，在晚宋至明清期間，其城池範圍有一個變化的過程。這裡結合兩方面的材料，對此寶祐城的起初實況以及演變作一考察。

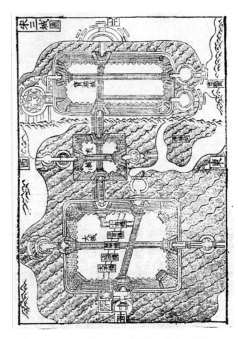

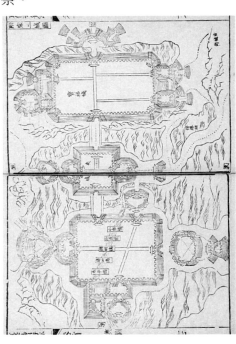

圖1-7：嘉靖《惟揚志》卷一　　　　　圖1-8：嘉慶《重修揚州府志》
　　　　所附《宋三城圖》　　　　　　　　　卷首所附《宋三城圖》

　　揚州在淮東地區具有重要的軍政地位，是爲「國之北門」，所以對其地的經理就顯得格外重要，宋廷在揚州守臣的人選上往往有特別的安排。理宗紹

〔註167〕　中國社會科學院考古研究所等：《揚州城：1987～1998年考古發掘報告》第三章「蜀崗下城址的考古勘探」，第50頁。

定六年（1233），趙葵始守揚州，在揚州先後八年的時間，「墾田治兵，邊備益飭」〔註168〕，就是一個比較典型的例子。但據文獻記載，趙葵並無揚州築城的舉措。崔與之以後，晚宋時期揚州還有兩次修城經歷，主要涉及蜀崗上城池。其中第一次由賈似道（字秋壑）措置。《宋史‧理宗本紀四》載寶祐三年（1255）二月己卯，

　　　　　復廣陵堡城，賈似道以圖來上。〔註169〕

此「廣陵堡城」通常認為即是蜀崗上的堡寨城。《宋季三朝政要》、《宋史全文》所記與此大體相同，惟前者將時間繫於寶祐三年三月，〔註170〕稍有疏忽。賈似道「復廣陵堡城」的舉措，為堡寨城增添了新名。據宋元之際的盛如梓記：「揚州寶祐城，賈秋壑開闔日築……『舊名堡城，不當用既廢之名。今名寶祐城。』」〔註171〕蓋堡寨城在晚宋時期的毀壞程度或比較嚴重，又因其於寶祐年間有補修，故名寶祐耳。明修嘉靖《惟揚志》卷十《軍政志‧城池》「寶祐城」條記：

　　　　　寶祐城，一名新城，俗呼為堡城者非是。在府城西北七里江都
　　　　縣大儀鄉，周圍一千七百丈。遺址尚存。

此所謂「新城」，同書同卷《軍政志‧城池》亦有條目，記曰：「許堪別建，提刑丁公、提舉丘嶽、制置使趙葵主之。淳祐元年三月虜哨突至，以濠深不敢向，而覘堡城。」據此，則「新城」與「堡城」不同明矣。又據同書卷一所附「宋江都縣圖」，知新城在堡寨城東北向位置。所以「寶祐城，一名新城」的說法顯然是錯誤的；頗疑「寶祐城」條第一句「新」「堡」二字倒置。

　　《宋史‧理宗本紀四》等文獻中的「復」字，當是修復之意。所以若只從修復堡寨城的角度來說，賈似道的修城舉措並無特別之處，寶祐城與堡寨城名異實同而已。但基於考古發掘給出的線索，細繹相關文獻，筆者認為賈似道的修復之舉很可能延續到北宋以來長期處於廢棄狀態的唐子城的東部城垣，此則是其特殊者。一般認為揚州蜀崗上唐五代子城的東部城牆，在兩宋時期一直處於荒廢狀態。但最近公佈的關於蜀崗上東部城牆的考古報告，提

〔註168〕　脫脫等：《宋史》卷四百一十七《趙葵傳》，第 12503 頁。

〔註169〕　脫脫等：《宋史》卷四十四《理宗紀四》，第 854 頁。

〔註170〕　佚名撰，王瑞來箋證：《宋季三朝政要箋證》卷二，中華書局，2010 年，第 211 頁。

〔註171〕　盛如梓：《庶齋老學叢談》卷下，中華書局，1985 年，第 44 頁。按：其中內引號文字，為賈似道《申省狀》中語。

供了新的訊息，對於認識兩宋時期揚州的城池建設有重要的參考價值。前文第二節在考論孝宗朝堡寨城的建設時，對此已有所涉及，並指出了考古人員的相關推測或有失誤，但當時並未給出論證過程。這裡將結合相關記載，再作進一步的考論。

我們首先需要對考古報告有大概的瞭解。2013 年 4 月至 7 月，中國社會科學院考古研究所等多家單位，針對揚州蜀崗上古城北城牆東部相關位置開展了考古發掘工作。相關發掘情況見於《揚州蜀崗古代城址北城牆東段發掘簡報》（《中國國家博物館館刊》2014 年第 12 期）。據該《簡報》的披露，發掘的夯土遺跡中，在「唐代夯土牆體」之上有「宋代城牆夯土」。夯土分為三處（考古標識為夯 1A、夯 1B、夯 1C），分別位於探溝的中、南、北部。其中夯 1A 為灰褐色，厚 1.75 米、夯 1B 為黃褐色，厚 0.80～0.95 米、夯 1C 為黃褐色，厚 0.05～0.25 米。在夯 1A 處發現唐代洪州窰青釉碗，在夯 1B 處發現唐、宋瓷器殘片，夯 1C 處僅出土兩塊殘磚。〔註 172〕基於這些考古資料，大致可以得出以下認識：一、由於三處夯土是水平分佈，且顏色相近，所以這層夯土應該是某一次修城的結果，而非多次。換句話說，就此發掘報告來看，東部城垣在宋代似乎只有一次修繕經歷。二、在宋代夯土層裏面發現唐代瓷器，而宋代瓷器偏少；又據該《簡報》，在「城牆上的地層堆積」裏面，有六朝、唐代及明清堆積層，但沒有兩宋堆積層。這一現象在相當程度上說明，唐五代子城東段即便有一定程度的修復，在整個兩宋時期主要還是處在荒廢的狀態。

唐子城北牆東段遺址在宋代既然有一次重新修繕的經歷，現在我們要追問這一次修繕可能發生在何時。北宋時期，雖然揚州有幾次修城舉措，但就見存文獻來看，相關修城的言說與實際行動，主要集中揚州州城，即所謂宋大城。這在上面第一節已有考論。南宋時期，自孝宗朝，始重視對蜀崗上城池的經營，所以修繕舉措更可能出現在此後。但見存文獻並沒有提供直接的證據，這裡只能用排除法，對此試作推斷。通過崔與之關於城池修建的文字，可知他在嘉定間的修城舉措並未涉及蜀崗上的城池。而且他在描述宋三城的布局時，隻字未提蜀崗上城池東部，且對堡寨城的周長有明確的說明。所以考古報告中的「宋代城牆夯土」應該也不可能出現在郭棣至崔與之之間的歷

〔註 172〕　中國社會科學院考古研究所等：《揚州蜀崗古代城址北城牆東段發掘簡報》，《中國國家博物館館刊》2014 年第 12 期，第 27 頁。

次修城所爲。南宋志書《方輿勝覽》之「淮東路・揚州・古蹟」條有「故城」一項，是就蜀崗上唐五代子城而言。該書原刻本成於宋理宗嘉熙年間（1237～1240）（參此書點校者施和金先生的整理《前言》），其時蜀崗上已築有堡寨城，而堡寨城只佔據唐代子城西部位置，所以此「古蹟故城」實際上只能算是唐子城東部城牆。既爲「古蹟」，就建築而言，則自應處於殘廢的狀態，如同條所附「隋宮」、「吹臺琴室」、「東府齋」、「二十四橋」等，在當時或「今亡其處」，或「不可得而考」〔註173〕。基於這一認識，可知南宋理宗嘉熙以前，蜀崗上古城東部城牆尚處於荒廢狀態。所以綜合以上的推斷，可知在賈似道修城之前的歷次修城舉措，並未涉及唐五代子城東部城牆遺址；而「宋代城牆夯土」的修者人選，便縮小爲賈似道及其以後的揚州城池建設主持者，實際上即是在賈似道與李庭芝之間。而李庭芝的修城舉措，在《宋史・李庭芝傳》傳裏明確交代了，是針對堡寨城西部的平山堂而發（詳下），所以李庭芝也應該排除在外。至此，我們通過排除法，推定考古發掘中的這層「宋代城牆夯土」最有可能是賈似道修城時所爲。

　　類似於司法系統的「無罪推定」，以上大致切斷了賈似道前後的歷次修城舉措與新發現的「宋代城牆夯土」之間的關聯。但此案至此尚不能了結，針對賈似道在蜀崗北牆東段「宋代城牆夯土」的形成過程中「有罪」這一點，我們必須拿出更爲有力的證據。今人在關於揚州古城的考古報告和相關研究中，往往會徵引《庶齋老學叢談》卷中之上關於寶祐城周長的說法，並加以修正，而該書卷下有一條關於寶祐城的記載卻未見有人提及。尤爲可貴的是，此條中摘引了賈似道關於寶祐城的自敘性文字，是關於寶祐城的第一手資料，值得認眞對待。上文曾引用此條，說明了改堡（寨）城爲寶祐城的原因。今不避繁瑣，再將全文抄錄如下，一方面是爲了引起相關研究者的注意，另一方面更是因爲此條記載爲推定賈似道「有罪」提供了最爲重要的線索。《庶齋老學叢談》所記如下：

> 揚州寶祐城，賈秋壑開闔日築。不仰科降，於諸色窠名錢那（挪）辦。《申省狀》云：「計厥費，爲楮一千三百餘萬，米九萬伍千餘石。錢穀之問不及廟堂，皆某連歲銖粒撙節，迄濟斯用。」又云：「照得此城高深廣袤，無異一郡。舊名堡城，不當用既廢之名。今名寶祐

〔註173〕　祝穆撰，祝洙增訂，施和金點校：《方輿勝覽》之「淮東路・揚州・山川」條，中華書局，2003年，第793～794頁。

> 城。是役也，用軍三萬人，日羹飯三頓。支擔索扉屨等錢，番更將
> 士，民不知役。五日小犒，十日中犒，一月大犒。有違令者，以軍
> 法從事。重則處死，賞罰必信，無敢譁嘩。始於二年七月十五日，
> 至三年正月二十日告成。」〔註174〕

盛如梓所引賈似道《申省狀》文，顯然是修城告成之後賈似道的總結報告。其中關於修城的經濟來源暫且不論，從對修城將士的犒賞以及紀律要求來看，此次修城著實是慎重其事。但引文中最可注意者，是「高深廣袤，無異一郡」八個字。這是對寶祐城的描述。賈似道以舊有之堡（寨）城「不當用」而對堡寨城牆加以修繕，所以可稱寶祐城「高深」；但若賈似道只是對堡寨城城池進行修繕而已，則寶祐城不應當用「廣袤」形容之，而且還「無異一郡」。賈似道的述辭容有幾分自我虛美，但不至於離事實太遠。所以面對賈似道的「廣袤」之說，上面推斷的唐子城東部城牆是在賈似道修城期間得到一定程度的修繕，就顯得更為合理。因為只有將東部重新修繕的城池聯合起來與舊有堡寨城作比較，賈似道才能說他任內所修之城算得上「廣袤」。

除《庶齋老學叢談》外，《嘉靖惟揚志》卷十《軍政志·城池》「寶祐城」條，徵引了理宗關於寶祐城的詔令之文，為他書所未有，也值得注意。這段文字的內容如下：

> 昔韓琦在泰州，軍民附城而居，無所捍禦，築外城十里。西賊
> 憚之，卿夊護全淮，向城寶應、城通州、城東海，外户既綢繆矣。
> 今復增堡城以壯廣陵之勢，朕披來圖，包平山而瞰雷塘，可以廣營
> 屯便牧圉矣。

此詔出現在賈似道上圖之後，其文除加上理宗評語外，其涉及修城具體內容者，實際上是將圖形轉換成文字，故一定程度上仍可視為賈似道的自敘。其中「今復增堡城壯廣陵之勢」一語，若放在寶祐城與堡寨城名異實同的背景下去理解，獲取的信息當主要是寶祐城是對堡寨城修繕加固而已。但即為詔令用語，遣詞造句必當謹慎，此處「增堡城」之「增」字，較之《宋史全文》《宋史》《宋季三朝政要》中的「復」字，當更為準確，實在不應

〔註174〕 盛如梓：《庶齋老學叢談》卷下，第44頁。按：《全宋文》輯錄賈似道之文，未曾留意於此，當補。

忽視。〔註175〕所謂「增堡城」更可能包含增加城池範圍的意思。惟其如此，才更好的理解後面理宗「朕披來圖，包平山而瞰雷塘」一語，（關於「包平山而瞰雷塘」一語，今人的理解有誤，下文還會有考辨），因爲理宗對寶祐城「包平山而瞰雷塘」的評價，恰好與胡三省對唐子城「西據蜀岡，北包雷陂」的描述相對應；由此可見，寶祐城與唐子城在城池規模上的對應是很有可能的。

　　分析至此，問題已漸趨明瞭，即我們以往對寶祐城的認識與賈似道所指的寶祐城當有一定的偏差。寶祐城與堡寨城之差別似乎不僅僅只是名稱的不同而已，其所指的城池範圍也有大小之別。基於以上的分析，或者可以說寶祐城即是「宋代的唐子城」（參圖 1-9）。在這樣的理解下，寶祐城內部則由東西兩部分組成，其中東部較西部後起，相對薄弱；寶祐城的主體還是以堡寨城爲基礎的部分。弄清楚了寶祐城在最初的所指，另一個問題也必須正視，即明修《嘉靖惟揚志》及清修《嘉慶重修揚州府志》所附宋三城圖中的「寶祐城」的規模與堡寨城的規模相當，該如何理解？這個問題其實不難解釋。前面依據考古報告，認爲雖然賈似道對蜀岡上堡寨城以東的城牆有一定程度的修繕，但程度有限，且賈似道之後並無續修的舉措。在這樣的背景下，隨著時間的推移，東部城牆漸趨廢弛，寶祐城便與舊的堡寨城逐步重合了。明清方志中的寶祐城圖，反映的便是重合之後的情狀。

　　以上是在新出考古資料的提示下，結合賈似道的相關自敘，對其任內修城的特別之處所作的推論，由此而對寶祐城的最初所指提出了新的看法。由於相關文獻的缺乏，這一推論目前還不能完全坐實，但就現有的資料來看，這種解釋相對比較合理。希望將來有更多的考古資料出來，特別是蜀岡上唐子城東牆以及南、北牆東段的發掘，以進一步完善對寶祐城乃至於整個兩宋時期揚州城池建設的認識。

〔註175〕　按：嘉靖《惟揚志》中理宗詔文，亦有「復」字，但這個「復」字是承上文「城寶應、城通州、城東海」而來，意爲「又」或「再」，而非修復之「復」，故與《宋史》、《宋史全文》等書中的「復」字意義不同。但兩相比較，頗疑史書作者在截取文字時有漏掉「增」字的可能。輾轉援引，遂成此態。

图例
———— 唐子城西部、堡寨城、宝祐城城墙
－－－－－ 唐子城、宝祐城东部墙

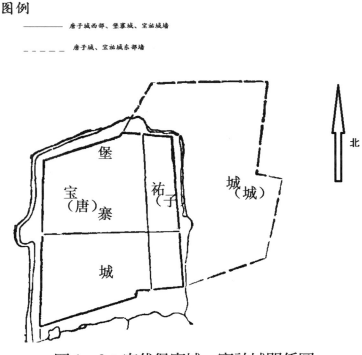

北

圖1－9：宋代堡寨城、寶祐城關係圖

三、孰包平山堂：「平山堂城」的歸屬問題

　　以上基於考古資料以及賈似道的自敘，對寶祐城的最初所指，提出新的解釋。實際上隨著考古發掘的持續展開，考古人員已經開始重新界定寶祐城的範圍。如新近的說法認為「寶祐城為南宋寶祐年間（1253～1258）賈似道取堡城西半並包平山堂所修之城」〔註176〕。這是基於蜀崗上舊城西城壕的發掘而做出的結論，按「取堡城西半並包平山堂城」的說法，則賈似道只對堡寨城西半進行修繕，並新築城牆包平山堂。這顯然與史實相去甚遠。之所以會有這種奇怪的論斷，一方面是考古人員過於依賴考古資料以至於受其牽制，另一方面是其對傳世文獻的理解不夠充分。這兩個方面在關於唐宋揚州城考古的報告與研究中時有出現，前文對此已多有指出。單就這裡的「取堡

〔註176〕　中國社會科學院考古研究所等編著：《揚州蜀崗古代城址考古勘探報告》，科學出版社，2014年，第2頁；中國社會科學院考古研究所等：《江蘇揚州市蜀崗古代城址西城壕2013年發掘簡報》，《考古》2015年第9期，第67～77頁，引文見第75頁。

城西半並包平山堂城」而言，究其原因，首先是今人對前引《嘉靖惟揚志》中理宗詔文「包平山而瞰雷塘」一句的理解有誤，進而再用這個錯誤的理解去附會考古發掘。所以理宗詔文一方面有助於我們解決寶祐城問題，另一方面又因爲今人的誤讀，而導出了新的問題（孰包平山堂城？）；這個新問題又反過來影響到對於寶祐城的認識。所以這一小節將以孰包平山堂城這個問題爲中心，探討宋代揚州城池建設的尾聲部分。

　　我們的討論從澄清今人的誤解開始。前面在討論賈似道與寶祐城時，引《宋史》、《宋史全文》、《宋季三朝政要》、《庶齋老學叢談》等文獻，均未有言賈似道築城包平山堂者。特別是《庶齋老學叢談》所引賈似道的《申省狀》，裏面對修城的前因後果，修城人員的管理與賞罰都有交代，卻隻字未提築城包平山堂之事。築城包平山堂在賈似道之前不曾有過，若是賈似道首爲此舉，他在《申省狀》中似無不言之理（盛如梓摘重點而錄，若賈氏有記，盛氏當也不會放過）。見存文獻中，將賈似道與「包平山」記於一條者，唯一的一處記載見於《嘉靖惟揚志》卷十所引的理宗詔文。前文於此已有引及，其中最關鍵的一句是：

　　　　今復增堡城以壯廣陵之勢，朕披來圖，包平山而瞰雷塘，可以
　　廣營屯便牧圉矣。

今人便據此認爲賈似道在修復堡城之外還有築城包平山堂的舉措。這一觀點體現在相關研究論著中，也影響到對考古發掘的解讀。〔註177〕然而，據此「包平山」三字，認爲寶祐間賈似道於揚州修城時有築城包平山堂的舉措，實際上是一種誤讀。理由很簡單，「包平山」與「瞰雷塘」是並列的，若將「包平山」理解爲賈似道實實在在的築城舉措，則「瞰雷塘」也應該是賈似道主持的一種具體事項。但「瞰」是居高臨下的意思，是一種姿態；將「瞰雷塘」理解爲賈似道主持的具體事項，在道理上顯然是說不通的。以上這樣的解釋，

〔註177〕　相關研究主要是汪勃、王小迎兩人合著的論文：《淺談揚州宋代平山堂城與堡城的連結》，收入《江淮文化論叢》（第二輯），文物出版社，2013年，第37～41頁；《揚州南宋堡城和寶祐城的發掘與研究》，《中國國家博物館館刊》，2015年第9期，第114～115頁。而考古報告則主要有中國社會科學院考古研究所等單位聯合發表的：《江蘇揚州市宋寶祐城西城城門外擋水壩遺址的發掘》，《考古》2014年第10期，第43～60頁；《江蘇揚州南宋寶祐城東牆城門北側城牆和東側城壕的發掘》，《中國國家博物館館刊》，2015年第9期，第74～92頁；《江蘇揚州市蜀崗古代城址西城壕2013年發掘簡報》，《考古》2015年第9期，第67～77頁。

頗予人以「咬文嚼字」之感，或難以使人信服。茲再從正、反兩個方面進一步釋之如下。

理宗詔文中「包平山而瞰雷塘」之句，承「今復增堡城以壯廣陵之勢」而來，其中的「包」字所指，並非是用具體而實在地實物——亦即城牆——從外圍包住平山堂，而是理宗根據賈似道所上之圖，從整體上描述賈似道所修寶祐城及其周邊的地理態勢。換句話說，此句是從軍事方面強調了堡寨城經修繕之後其「氣勢」的提升，所謂「壯廣陵之勢」是也。對於「包」的這種解釋並非筆者突發奇想，故為新說。類似的說法，在宋元之際胡三省的用語中也曾體現。本章第一節曾引及《資治通鑑》所記周世宗顯德五年二月命韓令坤築城之文，在「丁卯，(世宗) 至揚州，命韓令坤發丁夫萬餘，築故城之東南隅為小城以治之」之下，胡三省注曰：

> 今揚州大城是也。揚州古城西據蜀岡，北包雷陂。〔註178〕

雷陂即雷塘，在州東北十里。〔註179〕蜀岡則是揚州城西部「山川」之一，地勢較高，「延綿數縣，至揚州城西北……三峰突起。」〔註180〕此處「西據蜀岡，北包雷陂」八個字，正是對「揚州古城」及其周邊地理態勢的描述。胡三省所謂「揚州古城」與宋大成對照，相當程度上指的是唐五代時期的揚州子城，不但不可能包住雷塘，反而是被雷塘與蜀岡所環繞，形成利於軍事防禦的地理態勢。這在《嘉靖惟揚志》所附「宋江都縣圖」中有大致的體現。平山堂即位於蜀岡之上，故而所謂理宗詔語中「包平山而瞰雷塘」之言，當與「西據蜀岡，北包雷陂」是一樣的句式，是對修繕後的城池地勢的描述，只不過省略了方位詞而已。上文在考證賈似道復寶祐城時，推定寶祐城的城池範圍與唐子城大體一致，所以理宗對寶祐城「包平山而瞰雷塘」的描述恰可與胡三省「揚州古城西據蜀岡，北包雷陂」的說法比而觀之。基於這樣的比較，筆者認為賈似道並沒有築城包平山堂；將寶祐城理解為「賈似道取堡城西半並包平山堂城所修之城」，也是不對的。

以上對「包平山而瞰雷塘」的重新解釋，是從正面否定賈似道的包城之舉。從反面立論，則需要切入賈似道之後李庭芝在揚州的修城舉措。南宋晚

〔註178〕　司馬光編著：《資治通鑑》卷二百九十四後周顯德五年二月條，第 9711 頁。

〔註179〕　祝穆撰，祝洙增訂，施和金點校：《方輿勝覽》之「淮東路‧揚州‧古蹟」條，第 797～798 頁。

〔註180〕　並參祝穆撰，祝洙增訂，施和金點校：《方輿勝覽》之「淮東路‧揚州‧古蹟」條，第 792 頁；趙之壁編纂：《平山堂圖志》卷一《名勝上‧蜀岡》，第 45 頁。

期揚州另一次修城由李庭芝措置，這也是見存文獻中關於宋代揚州的最後一次修城記錄。《宋史・李庭芝傳》記：

> 始，平山堂瞰揚城，大元兵至，則構望樓其上，張車弩以射城中。庭芝乃築大城包之，城中募汴南流民二萬人以實之，有詔命爲武銳軍。〔註181〕

這裡並沒有交代此次修城的確切時間，今人亦未予深究。這段文字附在「庭芝初至揚州」（1260）〔註182〕之後，咸淳五年（1269）以前，則此次築城最可能發生在景定年間（1260～1264）。據此，則晚宋時期賈、李任內的兩次修城，前後相隔近十年。引文與本節主題最相關的是「庭芝築大城包之」一句。此句承上文而來，「之」字指代平山堂，可知李庭芝不但有築城之舉，而且所築之城正是爲了「包」住平山堂。這裡的「包」字不同於前文提到的「包平山而瞰雷塘」、「北包雷陂」中的「包」。

李庭芝既築城包平山堂，那麼這一舉措在兩宋時期是否是頭一次呢？答案是肯定的。既謂之「包」，則當時平山堂外圍應該並沒有城；既謂之「築」，而不用「復築」、「增築」或「添築」，則應是完全新創。兩相結合，則築城包平山堂係李庭芝首爲，殆無可疑。這一點若能結合平山堂的屬性以及《宋史・李庭芝傳》之「文理意義」（朱熹語），將更容易理解。平山堂位於蜀崗中鋒之上，北宋仁宗慶曆間爲歐陽修守揚州時所創建。據沈括所記，此堂構成之後，歐陽修「時引客過之，皆天下豪儁有名之士。後之人樂慕而來者，不在於堂榭之間，而以其爲歐陽公之所爲也。」可見，平山堂基本上是供時人遊覽、憑弔的人文景觀，最初並非爲軍事之用；即便孝宗時郭棣築堡寨城，也未將其包於堡寨城內。然而，歐陽修曾說「獨平山堂占勝蜀崗，江南諸山，一目千里」〔註183〕；南宋鄭興裔在紹熙元年（1190）說歐陽修「爲堂於蜀崗之上，負高眺遠，江南諸山拱揖檻前，若與堂平，故名。」〔註184〕所以平山堂之所以成爲著名的景觀，相當程度上正得益於這種地理上的優勢，而這種優勢正可爲軍事之用。蒙古兵

〔註181〕　脫脫等：《宋史》卷四百二十一《李庭芝傳》，第 12600 頁。

〔註182〕　據《宋史・理宗紀》，開慶元年正月戊辰，以李庭芝權知揚州，然同年二月庚辰，又改由他人守揚州。李氏於景定元年五月後再度判揚州。並參《宋史》卷四十四、卷四十五，第 865、873 頁。

〔註183〕　歐陽修：《與韓忠獻王（稚圭）書（八）》，見《歐陽修全集》卷一百四十四《書簡卷一》，中華書局，2001 年，第 2334 頁。

〔註184〕　鄭興裔：《鄭忠肅公奏議遺集》卷下《平山堂記》，上海古籍出版社，1987 年，商務印書館影印文淵閣《四庫全書》本，第 1140 冊，第 215 頁。

據之而「構望樓其上，張車弩以射城中」，無疑在軍事地理方面佔據了優勢。此為前車之鑒，李庭芝的築城之舉，便是為了將平山堂獨特的地理優勢據為己有。這是所謂「平山堂城」的始創之因。所以築城包平山堂是在蒙古人提供的現實經驗下出現的，並不是在舊基上補修。平山堂在此之前是為人文景觀，而非軍事據點；完工之後募民充兵以駐守的舉措，也提示著包城前後的差別。築城包平山堂既是李庭芝所首為，賈似道「包平山」的說法便不攻而自破了。今人以賈似道包城在先，李庭芝續補在後的觀點，也是誤讀「包平山而瞰雷塘」之後的牽強附會之說，不足為據。〔註185〕

第四節　總結

　　理宗景定以後，李庭芝長期駐守揚州，《宋史》本傳中記其於揚州修城之事，只有築城包平山堂一次。宋代揚州的城池建設，當以此為終結。我們關於宋代揚州城池建設的具體分析也止於此。在這最後小結部分，擬結合前三節的考論，對宋代揚州的城池建設作一整體性的論述。此雖然是集中在揚州一城的個案，但相關論點在一定程度上對於宋代城市城池建設仍然具有普遍性的意義。

　　宋代揚州的城池建設，是在唐宋之際政治、經濟、軍事等方面出現重大變動的背景下開始的。一方面，晚唐以來地方藩鎮勢力的坐大，使得新生政權對地方產生一種防範的心理，因為城池是軍事變亂的重要憑藉與據點，所以這種心理的影響已經及於城池建設。北宋在平定割據政權的過程中，曾在江淮一帶有毀城隍的舉措，便是明證。但另一方面，入宋後，隨著經濟社會的發展，出於保障經濟社會的正常運行和維護一般民眾的經濟利益的需求，關於城池建設必要性的言說也相繼出現。揚州則是江淮一帶的重要例子，這在第一節引述北宋中期士人的相關言論中，已有體現。基於經濟因素的城池建設，其實在宋初既已體現出來。唐代揚州羅城的出現，得益於蜀崗下便利

〔註185〕　王小迎、汪勃認為「平山堂城的修建及改建歷史，可以簡單地歸納為歐陽修建平山堂、賈似道包平山堂、李庭芝築平山堂城三個階段」。參見《淺談揚州宋代平山堂城與堡城的連結》，收入《江淮文化論叢》（第二輯），第39頁。按：相同的觀點也出現在在二人其他論文中，又因二人多有參與揚州城考古工作，所以他們的觀點在相關考古報告中也有體現。關於這一點，前面已有涉及，此不一一列舉。

的運河交通而導致的經濟繁榮，宋廷放棄蜀崗上的舊城，以蜀崗下周小城爲基礎，將其修繕爲揚州州城，實際上正順應了中晚唐以降，揚州城市經濟發展的趨勢。但北宋時期大部分時間裏，揚州城池建設並沒有太大的變動，一定程度上反映的正是宋廷整體上消極修城政策的實際影響。

　　軍事因素對揚州城池建設的影響，在兩宋之際的政局變動中凸顯出來。隨著宋室南渡，揚州由以往的內地轉而成爲宋金、宋元對峙的邊境地區，軍事因素的影響不但無法退去，事實上正促成了南宋時期對揚州城池的不斷修繕與擴充。所以統觀整個兩宋時期，軍事因素在影響揚州城池建設的諸種因素中佔有絕對的首要地位。這與兩宋之際揚州從內地到邊郡這種軍政地理的轉變有直接的關聯，而城池建設的不斷展開，也體現出揚州在淮東地區戰略地位的重要。南宋時期，揚州長期作爲淮東制置司治所，揚州蜀崗上城池的修繕與擴充，必須考慮這一重要背景。

　　軍事因素對揚州城池建設的影響，必須與人事因素結合起來觀察。這裡的人事因素包括中央與地方兩個層面。就中央層面來說，首先需要關注的當是帝王本人。南宋高、孝兩朝的政治取向多有不同，高宗長期「守和」，孝宗謀求「恢復」。在這樣的背景下，高、孝兩朝揚州的城池建設呈現出明顯的差別就值得特別注意。高宗朝揚州的城池建設，主要出現在駐蹕揚州以及紹興末年宋金交惡時期，而且集中於修繕州城（宋大城），所以關於城池建設，整體上較爲被動。孝宗朝揚州的城池建設則無論是規模還是次數，在整個兩宋時期都佔有最突出的地位。州城的修繕之外，另創堡寨城與夾城，宋代揚州的三城格局，或者說揚州作爲「複式城市」〔註186〕，便是出現在此間。〔註187〕

〔註186〕　章生道在探討19世紀的中國城市時，將「由兩個或兩個以上築有城牆的獨立部分組成的城市」稱爲「複式城市」，並分別以政治考量、行政隸屬、運河交通、政商分區、城址變動等五個方面的因素爲參考標準，將「複式城市」分爲五類。若依此說，將這個概念借用來分析宋代揚州，則揚州算的上是「複式城市」，但卻不能輕易歸類，因爲宋三城與運河交通、城址變動有重要關聯，同時在政商分區方面都有一定程度的體現。章氏觀點見其《城市的形態與結構研究》一文，收入施堅雅主編，葉光庭等譯，陳橋驛校：《中華帝國晚期的城市》，中華書局，2000年，第84～111頁。

〔註187〕　南宋後期人張端義曾說，高宗、孝宗兩朝「獨注意揚、楚、廬、和、襄陽城壁而已」。這是整體的論斷，未必精準，而且就揚州而言，高宗朝對其城池經營並不突出。已見於上文考論。張端義之說出自《貴耳集》卷上（許沛藻、劉宇整理），見上海師範大學古籍整理研究所編：《全宋筆記》第六編第十冊，大象出版社，2013年，第293頁。

孝宗朝突破北宋以來揚州城池修繕集中在蜀岡下宋大城的局限，這是南宋時期揚州城市軍事屬性凸顯的直接體現。據此，也可見與高宗朝有別，孝宗在城池建設方面展現出積極主動的態勢。南宋高宗、孝兩朝，在關於揚州城池建設方面表現的態度差異，與「守和」與「恢復」的政治取向正是對相應的。而著眼於地方，則揚州守臣的主動性在城池建設中也有著重要的影響。南宋揚州幾次重要的城池建設，無一不是在當時守臣的積極建議與措置下完成的。當然，地方上的舉措必須以獲取中央的認可為前提，這體現的是中央與地方的互動。

第二章　宋代揚州的政區變動及其對經濟的影響

第一章對宋代揚州的城池建設進行了系統的考察，這一章將擴大視野，進一步考察宋代揚州的政區變動。宋代揚州作爲統縣政區，其統縣及其幅員，並非一成不變。對宋代揚州經濟的考察，不能不首先關注這一變動。整體來說，兩宋時期揚州的行政區劃的變動，主要表現爲其西、北、東三面的數個屬縣先後析出。統縣數目的減小造成揚州政區幅員的縮小，而這些析出政區經過重新組定，成爲新的與揚州同級的統縣政區。影響揚州政區變動的因素是多方面的，其中有宏觀的軍政動態，也有區域的經濟水平與交通狀況。與此相關，政區變動反過來對揚州經濟社會也有重要的影響，在相當程度上消弱了其軍政地位，也是宋代揚州社會經濟衰落的重要內在因素。所可注意者，揚州轄下政區的析出與重組，沿襲著晚唐五代以來的變動趨勢，所以在探討宋代揚州政區變動的過程中，不能不對晚唐五代時期的揚州政區有所涉及。本章在既有成果的基礎上，對兩宋時期揚州政區變動作系統考述，總結其變化的類型與趨勢，分析其成因，闡述這種變動對宋代揚州的影響，並對唐宋時期揚州盛衰轉變的原因再作檢討。

第一節　揚州政區的演變類型與趨勢

關於兩宋時期揚州的行政區劃，見存史料以《宋史·地理志》中的記

載最爲系統，但疏忽之處，所在多有；後人雖有進一步的梳理，亦未盡善。〔註1〕這一節的討論將在前賢的基礎上進一步展開，主要集中在兩個方面：一是考訂訛誤、查漏補缺，對史書記載及以往考證之作中的疏漏處，作相應的修正與補充；二是在考訂的基礎之上，總結宋代揚州政區變動的類型，並將其放到晚唐五代以來的軍政局勢中去觀察，以探求此間揚州政區變動的趨勢。通過這兩個方面的努力，試圖進一步完善對宋代揚州政區變動的認識。

宋初樂史在《太平寰宇記》「淮南道揚州」條記，揚州「元領縣七。今三：江都，廣陵，六合。四縣割出：高郵（建軍），天長（建軍）、海陵（入泰州），永貞（入建安軍）。」〔註2〕《太平寰宇記》所記主要是北宋太平興國後期的行政區劃，〔註3〕事實上整個兩宋時期，揚州領縣數目一般爲兩到三個，再未達到七。《舊唐書·地理志三》「淮南道揚州條」記：「（揚州）舊領縣四：江都、六合、海陵、高郵……天寶領縣七……江都、江陽、六合、海陵、高郵、揚子、天長。」其中天長縣下又記：「天寶元年（742），割江都、六合、高郵三縣地置千秋縣。天寶七載，改爲天長。」結合以上兩條記載，可知樂史所謂「元領縣七」，當是李唐天寶元年以後的事。此後揚州統縣之數至唐末未變，〔註4〕十國時期，雖曾一度有增，〔註5〕但爲時甚短。所以整體來說，中晚唐以至宋初，隨著行政區劃的調整，揚州領縣之數，有大幅的削減。這種變化始於何時？有何特點？若著眼於較長的時段，變動有無整體的趨勢？此皆直接關係揚州行政區劃之重要問題，不可不論。茲先條分縷析，之後再作綜論。

爲方便討論，可將宋代揚州行政區劃變動中的統縣分爲變與不變兩類。上述《太平寰宇記》所列七個縣級政區，其領地在兩宋時期一直屬揚州而不變者，有江都與廣陵兩縣。其中江都在兩宋時期一直爲揚州治所，這是沿襲

〔註1〕 周振鶴主編，李昌憲著：《中國行政區劃通史·宋西夏卷》，復旦大學出版社，2007年。

〔註2〕 樂史撰，王文楚等點校：《太平寰宇記》卷一百二十三《江南道一》「揚州條」，中華書局，2007年，第2442頁。

〔註3〕 關於這一點，參看王文楚先生爲點校本《太平寰宇記》所作之前言，第1～11頁。

〔註4〕 周振鶴主編，郭聲波著：《中國行政區劃通史·唐代卷》，復旦大學出版社，2012年，第420頁。

〔註5〕 吳武義元年（919），改稱揚州爲江都府，之後析海陵縣置海陵制置院，海陵制置院即隸江都府。此時江都府（揚州）領七縣一院。

晚唐五代時期的舊例。〔註6〕廣陵的情況稍顯複雜，需要略作考釋。李唐貞觀
十八年（644），析江都縣復置江陽縣，〔註7〕南唐昇元元年（937）改江陽爲
廣陵，〔註8〕皆隸揚州；這一點至宋太宗太平興國年間仍未變。〔註9〕宋神宗
熙寧五年（1072）七月，省廣陵縣入江都。〔註10〕此舉雖造成揚州統縣數目
之減少，但廣陵其地則仍屬揚州，並未影響揚州的政區幅員。《宋史・地理志
四》記南渡後揚州增縣二，廣陵爲其一。據此，南宋初年宋廷又析江都而置
廣陵縣。然而《宋史》所記，頗有疏忽。在宋室南渡以前，廣陵已曾一度從
江都析出。歐陽忞《輿地廣記》卷二十「淮南東路」條，記揚州統縣有三，
廣陵居其一。〔註11〕四庫館臣據陳振孫《直齋書錄解題》，認爲《輿地廣記》
成書於政和（1111～1117）年間，〔註12〕則廣陵在政和年間或以前，已經從江
都析出。又宣和六年（1124）年許份（1079～1133）知揚州，任上曾有揚州「唯
有江都、天長兩縣」〔註13〕之語，則廣陵在至北宋末年又被省併。《宋史》所
記無此環節，李昌憲先生於此過程亦未有考辨，〔註14〕當補。南宋後期，廣
陵又遭省併。王象之《輿地紀勝》卷三十七「淮南東路」條記揚州領江都、
泰興二縣，〔註15〕《方輿勝覽》同之。《輿地紀勝》成書在嘉定、寶慶間，《方

〔註6〕　參周振鶴主編，李曉傑：《中國行政區劃通史・五代十國卷》，復旦大學出版社，
　　　　2014年，第654～656頁。

〔註7〕　並參《舊唐書》卷四十《地理三》，中華書局，1975年，第1572頁，及歐陽
　　　　修、宋祁撰：《新唐書》卷四十一《地理五》，中華書局，1975年，第1052頁。

〔註8〕　陳鱣：《續唐書》卷十六《地理志》「東都江都府」條，中華書局叢書集成初編
　　　　本，1985年，第150頁。又參《文獻通考》卷三百一十八《輿地考四》，第8661
　　　　頁。

〔註9〕　樂史撰，王文楚點校：《太平寰宇記》卷一百二十三「揚州」條，中華書局，
　　　　2007年，第2447頁。

〔註10〕　李燾：《續資治通鑑長編》卷二百三十五，熙寧五年七月丙午條，第5722頁。

〔註11〕　歐陽忞：《輿地廣記》卷二十「淮南東路」條，中華書局，1985年，第215頁。

〔註12〕　見前引中華書局叢書集成初編本《輿地廣記》前言。另，陳振孫記：「《輿地
　　　　廣記》三十八卷。廬陵歐陽忞撰。政和中作。」見《直齋書錄解題》卷八，
　　　　上海古籍出版社，2015年，第240頁。

〔註13〕　李綱：《宋故龍圖閣直學士許公神道碑》，見《全宋文》卷三七六四，第172
　　　　冊，第264頁。據吳廷燮《北宋經撫年表》及李之亮《宋兩淮大郡守臣易替
　　　　考》，許份知揚州在宣和六年至七年。

〔註14〕　周振鶴編，李昌憲著：《中國行政區劃通史・宋西夏卷》第四編第二章「淮南
　　　　東路州縣沿革」，第514頁。

〔註15〕　王象之：《輿地紀勝》卷三十七「淮南東路」條，中華書局，1992年，第1558
　　　　頁。

興勝覽》較之略後，據此，則廣陵至南宋嘉定、寶慶間已再度被省併。〔註16〕結合周邊政區的變動情況，此次省併當仍是併入江都。總體來說，無論省併與否，廣陵其地仍屬揚州當無疑，所以這種變動並未影響揚州整體上的政區幅員。而與江都、廣陵相比，高郵、天長、永貞、六合等幾個縣級政區的變動稍顯複雜，若簡要地歸類，大體分爲如下四種情形。

一、從揚州析出而再未回隸。此以海陵爲代表。海陵縣在唐代是揚州一比較穩定的屬縣。〔註17〕吳乾貞年間（927～928）立爲制置院，〔註18〕南唐昇元元年（937）升爲泰州，海陵遂從揚州析出。〔註19〕入宋以後，海陵再未回隸揚州。

二、由縣級政區升級爲統縣政區。此以高郵與天長爲代表。高郵縣在中晚唐時期，一直爲揚州屬縣。五代十國時期，揚州雖一度改稱江都府，高郵作爲屬縣未變。入宋後，「開寶四年（971）建爲軍，仍以縣隸焉，直屬京師。」〔註20〕至神宗、哲宗兩朝，隨著政局的變動，高郵軍的建置頗受影響。神宗熙寧五年（1072）五月，高郵軍廢，以縣隸揚州；哲宗元祐元年（1086），復置高郵軍。此後的北宋時期，再未變更。南宋時期，高郵建置變動更爲複雜。建炎四年（1130）五月二十四日，詔升高郵軍爲承州，分割泰州興化縣來屬。〔註21〕紹興五年正月（1135）廢州爲縣，隸揚州；同年十月，復縣爲軍。〔註22〕

〔註16〕 李昌憲先生在《中國行政區劃通史·宋西夏卷》中認爲廣陵此次省併「或因李全之亂，姑置於紹定四年（1231）滅全時。」（第514頁）按：李先生此處推論當誤，以《輿地紀勝》及《方輿勝覽》爲參照，廣陵省併時間，當往前推，而非往後推。

〔註17〕 周振鶴主編，郭聲波著：《中國行政區劃通史·唐代卷》，復旦大學出版社，2012年，第421頁。

〔註18〕 李曉傑定海陵置制置院在在乾貞二年（928）。參見《中國行政區劃通史·五代十國卷》，第655頁。

〔註19〕 樂史撰，王文楚點校：《太平寰宇記》卷一百三十《淮南道八·泰州》，第2564～2565頁。

〔註20〕 樂史撰，王文楚點校：《太平寰宇記》卷一百三十「高郵軍」條，第2570頁。

〔註21〕 徐松輯，劉琳等點校：《宋會要輯稿》方域六之一四，第9387頁。按：《宋史》卷八十八《地理志四》亦作「建炎四年」，唯《文獻統考》卷三百一十八《輿地考四》作「建炎二年」，第8662頁。今從《宋會要輯稿》與《宋史》。

〔註22〕 李心傳：《建炎以來繫年要錄》卷九十四，紹興五年十月丙午條，第1553頁。並參《宋會要輯稿》方域六之九，第16冊，第9384頁。李昌憲先生在《中國行政區劃通史·宋西夏卷》中梳理高郵軍建置沿革時，未注意此一復軍環節。當補。

此後一度又降爲縣。關於這一次降爲縣的具體時間，見存文獻並無明確之記
載，今人的研究也未能確切地指出。史載紹興十四年戶部言及淮東茶業貿易
時，有「揚州高郵縣」的說法，〔註23〕據此可知，高郵至遲在紹興十四（1144）
年已由軍降爲縣，隸揚州。紹興十一年（1141），宋金議和，江淮局勢趨於安
穩，頗疑高郵由軍降爲縣，或在此後不久。紹興末年，宋金交惡，又有紹興
三十一年（1161）復升高郵縣爲軍的舉措，〔註24〕直至宋亡，再未變更。

　　與高郵類似者有天長。唐天寶七載（748），改千秋縣爲天長縣，此以天
長名縣之始。南唐昇元六年（942），昇天長縣置建武軍；中興元年（後周顯
德五年，958）正月，升建武軍爲雄州；同年二月，後周平定江淮，降雄州
爲天長軍。〔註25〕入宋之後，宋太宗於至道二年（996）廢天長軍爲縣，以
縣隸揚州。〔註26〕此後的北宋時期，天長一直爲揚州屬縣。待宋室南渡，則
又起變更。建炎元年（1127）十月升軍，四年九月廢爲縣。〔註27〕紹興十一
年（1141）復升軍；十二年復爲縣，〔註28〕隸盱眙軍。」〔註29〕嘉定十二年

〔註23〕　見徐松輯，劉琳等點校：《宋會要輯稿》食貨三一之九，第 11 冊，第 6638 頁。
　　　　又《宋紹興十八年進士提名小記》，其「第二甲」之秦淵，「第四甲」之江獻
　　　　可下均有「揚州高郵縣」之注文。則顯然紹興十八年，高郵尚爲揚州屬縣。
　　　　詳見陸耀遹通纂《金石續編》卷十八《王佐榜進士提名碑》，國家圖書館善本金
　　　　石組編：《宋代石刻文獻全編》（三），北京圖書館出版社，2003 年，第 699、
　　　　700 頁。
〔註24〕　徐松輯，劉琳等點校：《宋會要輯稿》方域六之九，第 9384 頁。並參《宋會
　　　　要輯稿》方域六之一四，第 9387 頁。《宋史》卷八十八《地理志四》，第 2181
　　　　頁。
〔註25〕　徐松輯，劉琳等點校：《宋會要輯稿》方域六之一〇，第 15 冊，第 9385 頁；
　　　　《文獻通考》卷三百一十八《輿地考四》，第 8661 頁。按：《太平寰宇記》卷
　　　　一百三十「天長軍」條，以爲後周升建武軍爲雄州，宋平江南，降雄州爲天
　　　　長軍，誤。李曉傑在「吳國轄境政區沿革」之「建武軍」條中徵引了《太平
　　　　寰宇記》之文，與其考述有牴牾，卻未加辯證，顯有疏忽。詳見李書第 659
　　　　頁。
〔註26〕　徐松輯，劉琳等點校：《宋會要輯稿》方域六之一〇，第 15 冊，第 9385 頁；
　　　　王存撰，王文楚、魏嵩山點校：《元豐九域志》卷五「淮南路・東路」，中華
　　　　書局，1984 年，第 192 頁。《宋會要輯稿》方域六之一八（第 16 冊，第 9389
　　　　頁）又記廢天長軍爲縣在至道三年，當誤。
〔註27〕　參李心傳《建炎以來繫年要錄》卷十，建炎元年十月癸未條，第 234 頁；《宋
　　　　會要輯稿》方域六之一五，第 15 冊，第 9388 頁。《宋史》卷八十八《地理志
　　　　四》以天長「紹興元年爲縣」（第 2181 頁），誤。
〔註28〕　《宋史》卷八十八《地理志四》以爲天長軍於紹興「十三年，復爲縣」，當誤。
　　　　李心傳《建炎以來繫年要錄》卷一百四十五紹興十二年五月辛丑條記「廢天

（1219）金兵犯邊，《續編兩朝綱目備要》記「揚州之天長」等淮南民眾渡江避敵。〔註 30〕據此，則天長縣在嘉定十二年以前曾一度撥隸揚州；李昌憲據《永樂大典》所錄《吏部條法事類》，認爲嘉定八年天長縣隸招信軍，〔註 31〕則天長撥隸揚州係嘉定八年至十二年間事。又成書於理宗朝的《方輿勝覽》記招信軍屬縣有天長縣，則天長在理宗時期，又從揚州析出。李昌憲先生在梳理揚州及招信軍（盱眙軍）政區沿革的時候，未注意天長縣在寧宗末期至理宗初期的這一短暫波動，當補。從以上的考述可知，高郵、天長二縣之建置雖變動反覆，往往皆直升爲軍，成爲與揚州同級的統縣政區。南宋後期天長縣的變動情況，則與下面接著要討論的第三類相近。

三、數個析出之縣級政區重組爲新的統縣政區。此以眞州（建安軍）的設置爲典型。宋太祖乾德二年（964）以揚州永貞縣之迎鑾鎮置建安軍。眞宗大中祥符六年（1013），進一步以建安軍爲眞州。永貞與六合則先後從揚州析出，成爲建安軍（眞州）的重要屬縣。其中永貞在唐名揚子，係唐高宗永淳元年（682）以江都揚子鎮置縣。〔註 32〕五代南唐改揚子縣名爲永貞縣。〔註 33〕宋太祖乾德二年（964）以永貞縣之迎鑾鎮置建安軍。太宗雍熙二年（985），割永貞縣隸建安軍。後以仁宗諱，復改永貞爲揚子。〔註 34〕隨著大中祥符六年（1013）建安軍升爲眞州，揚子遂成爲眞州治所。南宋時期，揚子建置多有變更，〔註 35〕但再未回隸揚州。關於六合，李唐貞觀

長軍爲縣，隸盱眙」，《宋會要輯稿》方域六之一五所記同，當以此爲是。三書所記分見各書第 2182 頁、第 2325 頁、第 9387 頁。

〔註29〕 徐松輯，劉琳等點校：《宋會要輯稿》方域六之一○，第 15 冊，第 9385 頁。

〔註30〕 佚名撰，汝企和點校：《續編兩朝綱目備要》卷十五，中華書局，1995 年，第 287～288 頁。

〔註31〕 李昌憲：《中國行政區劃通史・宋西夏卷》第四編「淮南東路州縣沿革」，第 520 頁。

〔註32〕 關於這一點，《舊唐書》卷四十《地理三》記「揚子，永淳元年，分江都縣置。」《新唐書》卷四十一《地理五》記「揚子，望，永淳元年，析江都置。」所記同。引文分見兩書第 1572 頁，第 1052 頁。

〔註33〕 樂史撰，王文楚點校：《太平寰宇記》卷一百三十《淮南道八・建安軍》，第 2573～2574 頁。

〔註34〕 盛儀：《嘉靖惟揚志》卷二「建革志」記「改永貞爲永正，避仁廟諱。」上海古籍書店 1963 年影印寧波天一閣藏明嘉靖殘本。今人聶崇岐在《〈宋史〉地理志考異》一文中也有提及，見《宋史叢考》（下），中華書局，1980 年，第 524 頁。

〔註35〕 脫脫等：《宋史》卷八十八《地理志四》，第 2181 頁。

元年（627），省方州，並石樑入六合，屬揚州。〔註36〕此爲六合屬揚州之始。五代十國時期，吳武義元年（919）改揚州爲江都府，六合仍隸；南唐一仍其舊。〔註37〕後周平江淮，改江都府名爲揚州，六合隸揚州。入宋後，在太宗至道二年（996）以前，六合仍隸揚州。至道二年，割六合縣隸建安軍。〔註38〕隨著大中祥符六年建安軍升眞州，六合遂爲宋代眞州一重要屬縣，此後在宋時再未變動。〔註39〕

四、割其他縣級政區來屬揚州。此可注意者爲泰興。《太平寰宇記》卷一百三十「淮南道八・泰州」條，記泰興「本海陵縣濟南鎭地，僞南唐昇元三年（939）析海陵縣之南界五鄕爲泰興縣，屬泰州。」則泰興在入宋時本是泰州屬縣。《宋史・地理志》「淮南路・揚州條」記：「南渡後，增縣二：廣陵、泰興。」其中泰興下小注云：「舊隸泰州，紹興五年來屬。」〔註40〕《宋史》所記甚爲簡略，給人印象是泰興自南宋時期才撥隸揚州。實則不然。宣和年間，知揚州許份曾建言撥泰州之泰興縣隸揚州，其言獲准。〔註41〕據此，則泰興在北宋末年曾撥隸揚州。這一隸屬關係一直維持到建炎四年，因《宋會要輯稿》記建炎四年（1130）五月高郵軍行政等級變動時，

〔註36〕　對此，《舊唐書》卷四十《地理三》與《新唐書》卷四十一《地理五》所記同。分見第 1572、1052 頁。

〔註37〕　歐陽修《新五代史》卷六十《職方考第三》記南唐「以六合爲雄州」（中華書局，1974 年，第 744 頁）。李曉傑據《資治通鑑》卷兩百九十四顯德五年正月條所載「唐以天長爲雄州」，認爲「六合未曾割隸雄州」，《新五代史》「所載不確」。按，南唐時期六合未曾割隸雄州，不誤，但《新五代史》中「爲」字當理解爲「升」，而非「割」。歐陽修《新五代史・職方考第三》所記原文爲：「六合、天長，故屬揚州。南唐以天長爲軍，以六合爲雄州。」南唐於昇元六年昇天長縣爲建武軍，已見上文關於天長的考述，所以歐公原意當是南唐升六合爲雄州。事實上，雄州乃改建武軍所得之稱謂，並非升六合而置，所以歐陽修之說固然有誤，今人的理解也有偏差。

〔註38〕　徐松輯，劉琳等點校：《宋會要輯稿》方域六之一三，第 15 冊，第 9387 頁。

〔註39〕　《宋會要輯稿》食貨六四之八二，記南宋孝宗乾道四年三月二十六日司農少卿、總領淮東軍馬錢糧呂擇言地方官兵的後勤錢物時，有「揚州六合縣」的說法，與六合縣的隸屬情況不合，當誤。詳見《宋會要輯稿》食貨六四之八二，第 13 冊，第 7777 頁。

〔註40〕　史載紹興五年三月「詔泰州泰興縣並柴墟鎭及遵化鄕撥隸揚州。」泰興縣撥隸揚州一事，宋廷在紹興三、四年間已有詔令，因戰火未曾落實。見《宋會要輯稿》方域六之一三，第 16 冊，第 9386 頁。並參李心傳《建炎以來繫年要錄》卷八十七，紹興五年三月辛巳條，第 1441 頁。

〔註41〕　李綱：《宋故龍圖閣直學士許公神道碑》，見《全宋文》卷三七六四，第 172 冊，第 264 頁。

有「其揚州泰興縣舊屬泰州，卻依舊撥還」之記載。所以綜合上面三條記
載，可知泰興縣在北宋大部分時期為泰州屬縣，北宋末年來屬揚州，至建
炎四年回隸泰州，紹興五年再撥隸揚州。《宋史》所記不誤，但遺漏了幾個
重要環節。李昌憲先生在《中國行政區劃通史·宋西夏卷》中的考證，於
此亦未留意，當補。不過紹興五年（1135）以後，泰興之歸屬仍多有變動，
在泰州與揚州之間反覆交換。紹興十年，歸屬泰州；十二年，復隸揚州；
二十九年，仍舊隸泰州。〔註42〕

　　兩宋時期揚州政區變動的大體情形已梳理如上，茲據此，並結合今人的
研究成果，製成（表 2－1）「唐宋時期揚州斷代統縣表」，進而對揚州政區變
動的整體趨勢做一總結：

表2－1：唐宋時期揚州斷代統縣表

時　間		統　縣						
唐	長安四年（704）	江都	江陽	揚子	六合	高郵	海陵	
	天寶十三載（754）	江都	江陽	揚子	六合	高郵	海陵	天長
	元和十五年（820）	江都	江陽	揚子	六合	高郵	海陵	天長
	咸通十四年（873）	江都	江陽	揚子	六合	高郵	海陵	天長
五代	天祐四年（907）	江都	江陽	揚子	六合	高郵	海陵	天長
	顯德四年（957）	江都	廣陵	永貞	六合	高郵		
北宋	建隆元年（960）	江都	廣陵	永貞	六合	高郵		
	開寶四年（971）	江都	廣陵	永貞	六合			
	雍熙二年（985）	江都	廣陵		六合			
	至道二年（996）	江都	廣陵				天長	
	熙寧五年（1072）	江都				高郵	天長	
	元祐元年（1086）	江都					天長	
	政和間（1111～1117）	江都	廣陵				天長	
	宣和六年（1124）	江都					天長	泰興

〔註42〕　脫脫等：《宋史》卷八十八《地理志四》，第2178頁。亦參李昌憲《中國行政
　　　　區劃通史·宋西夏卷》第四編第二章「淮南東路州縣沿革」，第514頁。

時　　間		統　　縣					
南宋	建炎元年（1127）	江都					泰興
	建炎四年（1130）	江都				天長	
南宋	紹興五年（1135）	江都			高郵	天長	泰興
	紹興六年（1136）	江都				天長	泰興
	紹興十年（1140）	江都				天長	
	紹興十二年（1142）	江都	廣陵		高郵		泰興
	紹興三十一年（1161）	江都	廣陵				泰興
	嘉定元年（1208）	江都					泰興
	端平元年（1234）	江都					泰興
	咸淳九年（1273）	江都					泰興

　　關於此表，有兩點需要稍作說明：一、唐五代時期，揚州的名稱多有變動，除「揚州」外，另有「廣陵郡」（天寶元年〈742〉改揚州為廣陵郡）、「江都府」（吳武義元年〈919〉改揚州為江都府）之稱，這裡統一以揚州代之，以清眉目；二、此表宋代部分較詳細，在借鑒前人研究成果的基礎上，對其亦有所修訂。唐五代部分較為簡略，係據今人成果而來，大體始於中晚唐時期。總而言之，此表的用意是直觀地反映出唐宋時期揚州統縣數目變化的整體趨勢。前文曾將《太平寰宇記》與《舊唐書》所記揚州統縣做一對比，已知自中晚唐至宋初，揚州統縣數目減少近一半。此表一方面更直觀地反映出唐宋時期揚州統縣數目的變動，另一方面也可見兩宋時期揚州統縣的整體狀況。基於上面對兩宋時期揚州政區沿革的考述，可以進一步對兩宋時期揚州政區的變動趨勢作如下總結：一、兩宋時期揚州統縣數目明顯減少的趨勢，並非始於趙宋建國之後，實則自五代十國時期已經開始。天長縣在五代十國時期已升為統縣政區，海陵縣割隸泰州也發生在南唐時期。趙宋立國之初，揚州只領江都、廣陵、六合、永貞、高郵五縣。二、宋代太祖、太宗、真宗三朝，沿襲了五代以來政區調整的趨向，揚州政區幅員進一步縮小。太祖朝以揚州之高郵建軍，直隸京師，以揚州永貞縣之迎鑾鎮置建安軍；太宗朝，先後割揚州永貞縣、六合縣隸建安軍；真宗朝以建安軍為真州，最終將揚州統縣數目減少到兩個。即便此後政區仍有變動，亦無法從根本上改變揚州統

縣數目減少及政區幅員縮小的整體趨勢。如上表所示，兩宋時期揚州的統縣數目一般爲三個左右，這一政區規模的大體格局，基本定型於北宋真宗時期。﹝註43﹞三、與揚州統縣數目減少相對應，以析出政區重組統縣政區，使得部分從揚州析出縣鎮之行政等級提升。高郵、天長分別建軍；揚州永貞縣之迎鑾鎮先是建軍，之後又改爲州，成爲與揚州同類的統縣政區，是爲最典型的實例。

綜合以上三點，可知宋代揚州所指已與唐代揚州大有不同。伴隨著統縣數目的減少，宋代揚州與唐代鼎盛時期的揚州相比，其政區幅員已大爲縮小。這一點通過譚其驤主編的《中國歷史地圖集》（中國地圖出版社，1982年）可直觀地反映出來。通過該《地圖集》第五冊第54頁「唐·淮南道」版圖；第六冊第22～23頁「北宋·淮南東路」版圖；第六冊第62頁「南宋·淮南東路」版圖，可見唐開元二十九年（741）、北宋政和元年（1111）、南宋嘉定元年（1208）揚州及其周邊的政區狀況，藉這三幅圖可直觀地反映出唐宋時期揚州政區幅員的動態變化。從整體上講，宋代揚州政區是將唐五代時期揚州的西、北、東三面皆切割一塊之後的剩餘，政區幅員已非唐時可比。

第二節　影響揚州政區變動的諸因素

上一節在考述兩宋時期揚州政區沿革的基礎上，對政區變動類型與趨勢作了歸納總結。這一節我們要繼續追問這種變動是由什麼原因造成的。影響政區變動的因素是多方面的，據今人的總結，政治、經濟、軍事、文化以及自然因素，都可以對政區變動造成影響。﹝註44﹞兩宋時期揚州的政區變動，主要表現爲轄下政區的析出及其行政等級的提升，其影響因素同樣是多方面的，既包括晚唐五代以來宏觀的軍政動態，也有當時區域的經濟水平與交通狀況。茲結合相關實例，考察影響揚州政區變動的諸因素。

﹝註43﹞　神宗熙寧五年（1072，日本國延久四年），日僧成尋入宋，於同年九月十三至揚州，其間成尋記：「揚州有六縣：江都縣、天長縣、六合縣、高郵縣、海陵縣、揚子縣也。」這個說法然與史實不合，熙寧五年九月，揚州領縣三，江都、天長與高郵。成尋之說，見成尋撰，王麗萍點校：《新校參天台五臺山記》卷第三，上海古籍出版社，2009年，第236頁。

﹝註44﹞　參周振鶴：《中國行政區劃通史·總論》第五章、第六章，復旦大學出版社，2009年。

一、宏觀背景下地方政區的細化

　　安史亂後，地方藩鎮勢力影響巨大，對中央政權多有威脅，皇權方面遂多有強化中央集權的意向。趙宋政權是在結束晚唐五代以來的混亂局面後建立起來的，爲避免王朝短命的命運，採取了不少加強中央集權、消弱地方勢力的舉措。研究者多引用以下趙普對太祖說的一番話：

> 　　唐季以來，戰鬥不息，國家不安者，其故非他，節鎮太重、君弱臣強而已矣。今所以治之，無他奇巧也。惟稍奪其權、制其錢穀、收其精兵，則天下自矣。〔註45〕

認爲宋廷針對地方而採取的集權措施，主要從「稍奪其權、制其錢穀、收其精兵」三個方面展開。〔註46〕事實上這三個方面所包含的具體內容是多樣的，而且隨著時間的推移，在不同的時期，又有新的變化。以往的研究關注到職官、經濟、軍事、政區地理等因素，但對此間政區變動的研究仍嫌不夠。雖然罷去藩鎮支郡被研究者當成宋廷消弱地方權力的重點舉措之一，但這只是宋廷針對所謂「（準）高層政區」的特殊政策，兩宋時期像府、州、軍、監之類的「統縣政區」〔註47〕的變動情況卻同樣不可忽視。

　　據今人的統計，兩宋時期有將近十分之一的州只轄有一縣之地；歷代每單位統縣政區所轄縣級政區平均數，北宋爲 3.5 個，小於之前的隋唐時期以及此後的元代，是中國古代統縣政區轄縣數目的第二個波谷時段。〔註48〕根據前文「表2－1：唐宋時期揚州斷代統縣表」，可知兩宋時期揚州的統縣數目基本保持在 3 個左右，在整體上尚低於上述北宋時期的平均數。這是中央集權背景下，地方行政區劃細化的一種反映。所以若考慮到行政區劃變動中的政治主導性，〔註49〕則宋代統縣政區地域縮小的現狀，與其時宋廷試圖強化中央集權的政治需求當有直接的關聯；因爲如此以來，地方作亂的土地、人口

〔註45〕　司馬光撰，鄧廣銘、張希清整理：《涑水記聞》卷一，見上海師範大學古籍整理研究所編：《全宋筆記》第一編第七冊，大象出版社，2003 年，第 13 頁。

〔註46〕　比較有代表性的論述，可以參看聶崇岐：《論宋太祖收兵權》，《宋史叢考》（上），第 263～282 頁。鄧廣銘：《論趙匡胤》，《鄧廣銘治史叢稿》，北京大學出版社，2010 年，第 258～268 頁。

〔註47〕　這裡的「（準）高層政區」與「統縣政區」的說法，借用的是周振鶴的概念界定，見《中國行政區劃通史·總論》，復旦大學出版社，2009 年，第 9～10 頁。

〔註48〕　第一個波谷出現在魏晉南北朝時期，但當時並非爲消減地方權力，而主要是出於分官設職的需求。參《中國行政區劃通史·總論》，第 71～72 頁。

〔註49〕　周振鶴：《中國行政區劃通史·總論》第六章，第 152～160 頁。

（兵甲），乃至於財政資本，都被釜底抽薪式地剝奪了。〔註50〕揚州作爲晚唐淮南節度的根據地，五代十國時期，又先後作爲首都（吳）與陪都（南唐），其地位可見一斑；而且宋初李重進也曾一度據城爲亂，所以宋廷定會引以爲戒。在宏觀背景與現實事例的共同影響下，揚州統縣數目減少以及政區面積的縮小是很容易理解的。建安軍（眞州）、高郵軍、天長軍的設置以及海陵縣的析出，與揚州統縣政區的減少，實是一體之兩面，且同處在宋廷強化中央集權的政治背景之下。

除政治上的宏觀背景外，在經濟方面，也有一個宏觀的背景需要注意。周振鶴在考察中國古代地方行政制度時曾指出，隨著中國古代經濟重心的南移，南北政區的分佈密度，有一個從北密南稀到南密北稀的轉變過程。〔註51〕中國古代經濟重心的南移，是一個漸進的過程，安史之亂則在其中有重要的促進作用，所以晚唐至於北宋時期是經濟重心南移的一個重要的階段。唐宋時期揚州政區變動中統縣數目的逐漸減少及政區幅員的縮小，正出現在此間；這兩者在時間上是大體合拍的。從這個意義上講，宋代揚州政區變動，一定程度上正反映了經濟重心南移背景下政區密度的動態變化。

二、轄下政區經濟的發展與地方財賦轉輸取便

宏觀背景的影響不限於揚州一隅，分析揚州地區的政區變動，必須結合揚州當地的實際情形。只有配合這些地區性的具體特點，才可能對揚州政區變動有更切實地認識。所以接下來兩小節，將結合相關政區的實例，進一步考察影響揚州政區變動的其他因素。首先從經濟方面開始。一般認爲宋代眞州（前身爲建安軍，以下若從整體上講，則徑直用眞州；涉及政區沿革者，才注意建安軍與眞州的先後區分）的發展，對揚州的影響最大。但對眞州爲何會成爲與揚州同等級的統縣政區卻並沒有給出具體的分析。其地在唐代本是揚州統縣揚子縣轄下之白沙鎮，五代十國時期，楊吳政權改白沙鎮爲迎鑾鎮。〔註52〕入宋以後，該地行政等級進一步提升，宋太祖

〔註50〕 聶崇岐：《論宋太祖收兵權》，《宋史叢考》（上），第 275 頁。
〔註51〕 周振鶴：《中國地方行政制度史》第十章第二、三節，上海人民出版社，2014年，第 285～292 頁。
〔註52〕 《資治通鑑》卷二百七十三《後唐紀二》記後唐同光二年（924，即吳順義四年），「吳主如白沙觀樓船，更命白沙爲迎鑾鎮。」注引路振《九國志》謂「楊溥巡白沙，太學博士王谷上書請改白沙爲迎鑾，其略曰：『日月所經，星辰盡爲黃道；鑾輿所止，井邑皆爲赤縣。』」（第 8926 頁）。

乾德二年（964），以迎鑾鎮爲建安軍，以往揚州轄下之鎮，最終演變成爲
與揚州同等級的地方政區。這一舉措在相當程度上奠定了此後宋代眞州政
區地位的基礎；太宗、眞宗朝的相關舉措，則是進一步的鞏固。如太宗朝
相繼以永貞縣（後改名揚子縣）、六合縣隸建安軍，使得政區建置更爲穩定。
至眞宗大中祥符六年（1013），則改建安軍爲眞州；由軍到州的轉變，愈加
表明了對眞州地位的重視。眞州之地由鎮到州的轉變，當地經濟的發展是
一個基礎性的因素。唐代宗朝劉晏推行鹽法時，曾在白沙鎮置巡院，爲揚
州兩所巡院之一，負責食鹽相關事務。〔註 53〕唐穆宗時也有類似的舉措。
〔註 54〕揚州轄下之鎮，與本州同時設置一樣的經濟機構，足見白沙鎮在經
濟上的重要性在唐代已有凸顯。這是趙宋政權建立以後，宋廷於乾德二年
（964）「以迎鑾鎮爲建安軍」的重要經濟背景。建安軍的經濟在入宋以後，
得到了進一步地發展與鞏固。宋廷以鎮建軍後，隨即在其地「置場榷茶」，
是爲當時淮南地區唯一的榷場（另外三處分別設在京師、漢陽與蘄口），負
責江南茶務。〔註 55〕乾德二年，長江以南的地區尚未納入趙宋政權的版圖，
針對江南的茶務，主要由官方負責。所謂「置場榷茶」，商人需先往京師入
納錢帛，方才允許憑官方提供的茶引，往榷場領茶。〔註 56〕按照這個程序，
當時建安軍必然成爲商人出入的重要場域。不但如此，至道元年（995），
江淮發運司置局淮南，治所也設在眞州。此類經濟機構的設置，表明建安
軍（眞州）在趙宋建國之初，就在南北經濟流通中佔據了重要的地位，這
對當地經濟的發展，無疑有重要的促進作用。〔註 57〕宋廷先後於雍熙二年
（985）及至道二年（996），分別析揚州永貞、六合縣來屬建安軍，並最終
於大中祥符六年（1013）升建安軍爲眞州。

　　與眞州相類似的還有揚州東部的海陵縣。如本章第一節所考，海陵在南
唐時期已從揚州析出。五代宋初的徐鉉，在《唐故泰州刺史陶公墓誌銘》中，

〔註 53〕　歐陽修，宋祁撰：《新唐書》卷五十四《食貨志》，第 1378 頁。
〔註 54〕　穆宗長慶元年三月，鹽鐵使王播奏：「揚州、白沙兩處納榷場，請依舊爲院。」
　　　　　獲准。見《舊唐書》卷四十八《食貨志》，第 2018～2109 頁。
〔註 55〕　李燾：《續資治通鑒長編》卷五，乾德二年八月辛酉條，第 131 頁。
〔註 56〕　黃純豔：《宋代茶法研究》，雲南大學出版社，2002 年。
〔註 57〕　梁庚堯先生新近的長文《從南北到東西——宋代眞州轉運地位的轉變》，（見
　　　　　〈臺北〉《臺大歷史學報》第 52 期，2013 年 12 月，第 53～143 頁。），對兩
　　　　　宋時期眞州（建安軍）的經濟地位有比較深入的考論，從中可見宋代眞州經
　　　　　濟發展的具體表現及其特點，可以參看。

曾謂海陵爲「甸服之地，邦賦最優。」〔註 58〕徐氏乃揚州當地人，其對鄰近地區的認知當爲可信，可知該地經濟在五代時期，表現已比較突出。而晚唐五代時期，此地又吸收了北方與周邊地區的不少移民，〔註 59〕開發程度當進一步加深。所以泰州之設，將揚州一重要經濟地帶割出，同樣與經濟因素不無關聯。

在影響政區變動的經濟因素中，地方財賦的轉輸也是一個重要的方面。《宋史·劉綜傳》記：

> 先是，天長軍及揚州六合縣民輸賦非便，綜奏請降天長軍爲縣，隸揚州，以六合縣隸建安軍，自是民力均濟。〔註 60〕

據前文考證，至道二年（996），降天長軍爲縣，屬揚州；六合縣自揚州析出，隸建安軍。所以劉綜「奏請」之言當在此間。根據《宋史》劉綜本傳的記載，我們得以知道，之所以有此政區變動，是因爲宋廷以財賦轉輸的便利與否爲標準，做出了因地制宜的調整。宋代「夏秋人戶所納兩稅，或在州，或就縣，各從其便」〔註 61〕，天長與六合分別位於揚州的西北與西南，當時的建安軍治所之地揚子，位於六合與揚州州治之間。基於這樣的地理方位，六合割隸建安軍的舉措很明顯是合乎情理的。天長在此後的北宋時期一直隸屬揚州，除「輸賦」因素外，更是六合析出之後的平衡之舉，故而應該是一種綜合性的考量。無論如何，就建安軍而言，十年前的雍熙二年（985），永貞縣已割隸建安軍，此次六合縣的來屬，更是增強了建安軍的政治與經濟地位；七年後便有升建安軍爲眞州的舉措。

財賦轉輸實際上已經與交通因素相關，但交通方面影響更爲重大的當是運河漕運系統，所以必須考察漕運交通對宋代揚州政區變動的影響。唐宋時期眞州成爲重要的轉運中心，在經濟上有顯著的發展，良好的漕運交通條件是必要的基礎。胡三省注《資治通鑑》，謂：「迎鑾鎮，本唐之白沙也。吳主楊溥至白沙，閱舟師，徐溫自金陵來見，因以白沙爲迎鑾。」〔註 62〕此雖是

〔註 58〕 徐鉉：《騎省集》卷十五《唐故泰州刺史陶公墓誌銘》，文淵閣《四庫全書》本，（臺灣）商務印書館，1986 年，第 1085 冊，第 116 頁。

〔註 59〕 吳松弟：《中國移民史·隋唐五代時期》，福建人民出版社，1997 年，第 284～290 頁。

〔註 60〕 脫脫等：《宋史》卷二百七十七《劉綜傳》，第 9431 頁。

〔註 61〕 徐松輯，劉琳等點校：《宋會要輯稿》食貨九之五，第 10 冊，第 6177 頁。

〔註 62〕 司馬光編：《資治通鑑》卷二百九十四，後周顯德五年三月辛卯條，第 9836 頁。黃裳《新定九域志》（古蹟）卷五眞州條，記「迎鑾鎮……僞唐置」，與

記載更名經過，但楊溥於白沙鎮會見自金陵而來的徐溫，已足見白沙之地在長江一線的交通優勢。宋初樂史謂迎鑾鎮是「揚州大江入京口之岸」〔註 63〕，也點明了這一點。事實上，當時此處不但是東西向長江沿線的重要港口，同時也是南北向運河沿線的交通樞紐。這一點只需與當時運河揚州段的狀況稍作對比，即可看出。《舊唐書・高駢附秦彥傳》記，揚州「自（畢）師鐸、秦彥之後，孫儒、（楊）行密繼踵相攻。四、五年間，連兵不息。廬舍焚蕩、民戶喪亡，廣陵之雄富掃地矣。」〔註 64〕這是描述戰爭因素對揚州城市經濟社會的影響，實際上運河航道狀況的惡化，對宋代揚州的影響更為長遠。運河揚州瓜洲段，在宋代已不如隋唐時期暢通。〔註 65〕眞宗朝江淮發運使賈宗建言重開揚州古運河，此雖是爲解決漕運曲折之流弊問題，〔註 66〕卻也從一個側面反映出當時揚州運河的荒廢狀況。其時，江南往北的漕船，相當部分行至建安軍，北上至揚楚運河，之後入淮河；建安軍成爲淮東長江沿線上南北漕運的第一個重要港口。史載：

> 建安北至淮澨，總五堰，運舟十綱上下，其重載者，皆卸糧而過，舟壞糧失，率常有之，綱卒傍緣爲奸，多所侵盜。（喬）維岳乃命創二斗門於西河第三堰，二門相踰五十步，覆以夏屋，設懸門蓄水，俟故沙湖平，乃泄之。建橫橋於岸，築土累石，以固其趾。自是盡革其弊，而運舟往來無滯矣。〔註67〕

喬維岳治理建安軍至淮河之間的運河，在宋太宗雍熙元年（984）以前，此年二月他便被任命爲淮南轉運使。透過喬氏治理建安軍往北運河的舉措，可以看到其地的水運交通較之揚州，更早受到了宋廷的重視，且航道的整治維修

《宋史・地理四》所謂「南唐改（白沙鎮）爲迎鑾鎮」同誤。引文分見王存撰，王文楚等點校《元豐九域志》（下）之「附錄」，第 613 頁：《宋史》卷八十八《地理四》，第 2181 頁。

〔註63〕　樂史撰，王文楚等點校：《太平寰宇記》卷一百三十《淮南道八》「建安軍」條，第 2573 頁。

〔註64〕　劉昫撰：《舊唐書》卷一百八十二《高駢附秦彥傳》，第 4716 頁。

〔註65〕　日本人西岡弘晃在《宋代揚州的城市水利》一文中，對此有簡要的論述，可參看。見《城市發展研究》1996 年第 1 期。大體來說，宋代運河揚州段狀況的惡化，是由人爲與自然因素共同造成的，人爲因素大致包括戰爭與城市生活垃圾的排放，自然因素主要指的是長江下游航道變動導致的揚州運河水位下降。

〔註66〕　李燾：《續資治通鑒長編》卷九十三「天禧三年六月辛卯條」，第 2149 頁。

〔註67〕　李燾：《續資治通鑒長編》卷二十五「雍熙元年二月壬午條」，第 573～574 頁。

也及時有效。歐陽修在皇祐三年（1051）所作《眞州東園記》中說：「眞爲州，當東南之水會，故爲江淮、兩浙、荊湖發運使之治所」〔註68〕，即點出水運交通於眞州的重要性。南宋樓鑰也說，「眞之爲州未遠也……而實當江淮之要會。大漕建臺，江湖米運，轉輸京師，歲以千萬計。維揚、楚、泗俱稱繁盛，而以眞爲首。」〔註69〕所謂「大漕建臺，江湖米運」，正是眞州在漕運交通方面優勢的具體反映。眞州「繁盛之首」的地位，與此是分不開的。運河狀況的優良，使得建安軍（眞州）在地方財賦的轉輸中起到重要的作用，也爲其發展贏得了條件，更爲政區設置的穩定性提供了保障。

三、戰爭背景下的政區調整

　　與上述政區相比，天長軍與高郵軍的設置更有一層軍事因素。入宋後，在揚州西北部有天長軍，此地在唐五代時期，政區等級頗有提升。但宋太宗至道二年（996）廢軍爲縣以後，天長在北宋時期一直爲揚州屬縣。南宋時期有幾次變更，分別在建炎元年（1127）和紹興十一年（1141）升格爲統縣政區。江淮地區是南宋與金、蒙古對峙的前沿地帶，戰略地位可想而知。宋廷昇天長縣爲軍的兩個年份，都是宋金關係緊張時節，所以這種舉措，當主要是出於邊境軍事防禦的需求。史載建炎元年十月昇天長爲軍，「以其近行在也」〔註70〕。揚州之所以權爲行在，當然是受到宋金軍事態勢變動的影響，天長升爲統縣政區意在提高其軍政地位，是爲拱衛行在的一種手段。隨著宋室進一步南遷以及宋金議和的達成，這種需求的程度降低，故而紹興十二年又降天長軍爲縣。但淮東地區是宋金對峙的前沿，其戰略地位並未因宋室駐蹕臨安而下降，所以建炎四年（1130）雖然有降天長軍爲縣的舉措，但同時也升高郵軍爲承州；兩者當是平衡之舉。無論如何，天長軍的設置與否，都受到軍事因素的影響。

　　高郵軍興廢，除北宋神宗、哲宗兩朝因政爭先後反覆以外，宋太祖開寶年間以高郵建軍，直隸京師，是爲消弱地方勢力，以便加強對地方的控制；當是所謂遏制地方擾亂的一類舉措。〔註71〕高郵軍在南宋時期的興廢狀況，

〔註68〕　歐陽修撰，洪本建校箋：《歐陽修詩文集校箋》卷四十《眞州東園記》，上海古籍出版社，2009年，第1029頁。

〔註69〕　樓鑰：《攻媿集》卷五十四《眞州修城記》，文淵閣《四庫全書》本，（臺灣）商務印書館，1986年，第1153冊，第7頁。

〔註70〕　李心傳：《建炎以來繫年要錄》卷十，建炎元年十月癸未條，第234頁。

〔註71〕　聶崇岐：《宋代州府軍監之分析》，《宋史叢考》（上），第71頁。又，周振鶴

與天長軍的情形類似，都受到宋金軍事態勢的影響。建炎二年（1128），兩浙路轉運提刑司據江陰縣父老胡崇狀文，以高郵軍人口尚不及江陰戶口之半卻已復軍爲例，請復置江陰軍。〔註72〕這種類比雖然是以戶口爲依據，但卻突出了戶口之外的其他因素對高郵軍建置的重要影響。這種因素主要即是軍事因素。高郵由於地處揚州正北，在宋金對峙中，更處前沿，宋孝宗曾說：「若把定高郵，不放糧船過來，則虜不能久留淮上，自當引去也。」〔註73〕此足見高郵戰略地位之重要。所以建炎四年，宋廷進一步改高郵軍爲承州，將準州級政區提升爲正式州級政區，與當時的軍事動態是分不開的。雖然紹興年間高郵軍的興廢又幾經反覆，但整個南宋時期，乃至通觀整個兩宋時期，高郵軍作爲統縣政區的存在時間仍長於廢罷時間。周振鶴先生在分析軍事因素對行政區劃的影響時，曾說「在軍事因素的作用下，政區的幅員、形狀、邊界等方面都有特殊的表現。……軍事行動和軍事征服以後，政區的劃分往往與軍事行動過程和軍事區域密切相關。」〔註74〕。就宋代揚州而言，軍事因素固然影響到其「幅員、形狀、邊界」，但據上面針對天長與高郵的實例分析，除幅員、形狀、邊界以外，政區等級也往往受到軍事因素的影響。

　　以上從多個方面分析了影響宋代揚州政區變動的因素，其中有宏觀的政治、經濟背景，也有具體的區域性因素。就後者而言，由於不同政區在自然地理方面的特殊性，所以在政區變動中起到作用的因素或各有側重而不盡相同，但整體而言，可以說是經濟、軍事、交通等因素共同促進了政區的變動。宋高宗紹興三十一年（1161）四月升高郵爲軍時，權發遣淮南路轉運副使楊杭言：

> 揚州高郵縣元係軍額，昨緣兵火，一時權宜爲縣。今來戶口在淮東最爲盛處，第去揚州遼遠，民戶輸納不便。兼縣界所管運河堤岸接連，湖濼深遠，豪右狠通姦利，慮致引惹生事，乞依舊改爲高郵軍。〔註75〕

說軍「置於內地是爲綏靖的目的」，北宋時期，高郵自然屬於「內地」，此說與聶崇岐的說法是相通的。詳見《中國行政區劃通史·總論》第五章第一節附錄「宋代的軍」，第115頁。

〔註72〕　繆荃孫纂《江陰縣續志》卷二十一《金石記》之《建炎（二年）復軍指揮》，見國家圖書館善本金石組編：《宋代石刻文獻全編》（二），第182～183頁。
〔註73〕　徐松輯，劉琳等點校：《宋會要輯稿》兵二九之一八～一九，第9246頁。
〔註74〕　周振鶴：《中國行政區劃通史·總論》第五章，第116頁。
〔註75〕　徐松輯，劉琳等點校：《宋會要輯稿》方域六之九，第9384頁。

楊氏的言論雖然簡短，包含的信息卻很豐富，從中可以看出：（一）高郵行政等級的升降，受到軍事動態的直接影響。（二）軍事因素之外，政區變動也受到經濟狀況的影響。南宋時期高郵的人口與賦稅，曾至爲繁盛，排在淮東地區前列，這是高郵保留軍額的一個重要的基礎條件。（三）與經濟相關，高郵「運河堤岸接連，湖濼深遠」，其水運交通也非常便利，所以往往成爲豪右作奸犯科的場所。揚州的統縣與幅員與高郵的隸屬與否有直接的關聯，則揚州政區變動同受軍事、經濟、交通等因素影響是很自然的。此例雖涉及的是南宋時期高郵的狀況，但正好將多種影響因素集於一體，故而同樣可以與上文以眞州、天長、海陵爲例的分析相參照。職是之故，特引楊氏之言以結束此節的論述。

第三節　政區變動對揚州經濟的影響

宋代揚州的政區變動，主要表現爲政區幅員的縮小及析出政區行政等級的升級。政區幅員的大小與經濟緊密相關，而行政等級的高低又是政區地位的直接反應。所以若著眼於歷時性的比較，宋代揚州政區的變動，不但影響到其社會經濟，一定程度上也消弱了其軍政地位。這是趙宋政權中央集權背景下的應有之義。但若著眼於共時性的比較，則揚州的軍政地位在淮南（東）路（熙寧五年後分東、西兩路）仍然有比較優勢，佔據最重要的地位。宋代統縣政區有府、州、軍、監四種，府較州的地位爲高，州則有輔、雄、望、緊、上、中、下諸種等級。按《宋史・地理志》「淮南東路」所記，揚州爲「大都督府」，亳州、眞州爲「望」、楚州爲「緊」，宿州、海州、泰州、泗州、滁州爲「上」，通州爲「中」、高郵軍「同下州」〔註76〕。若暫且放下這種等級針對性的不盡相同，〔註77〕而從整體上著眼，則這個記載最爲直觀，還是能

〔註76〕 脱脱等：《宋史》卷八十八《地理四》，第2178～2182頁。其中眞州在《元豐九域志》卷五、北宋末期的《輿地廣記》卷二十中均標記爲「中」，至南宋《輿地紀勝》卷三十八中方標記爲「上」。

〔註77〕 宋代統縣政區的分等是承襲唐制度，周振鶴認爲唐代州的分等存在兩個系列，其中輔、雄、望、緊屬於政治標準，上、中、下是爲經濟標準。參其《中國地方行政制度史》第十一章，第322～323頁。另，靳生禾、師道剛《中國古代地理文獻中的等地芻議》（《歷史地理》第十輯，上海人民出版社，1992年）一文，亦有涉及宋代者，可並參。所可注意者，作者對都督府是否具有等級意義，提出了質疑，但最終並沒有給出正面的證據，且不得不承認「今

夠提供一個宏觀的比較視角，藉此可知揚州在淮東地區軍政地位之一斑（關於軍政地位，後文還會有一些涉及）。

相較於軍政方面的影響，政區變動對揚州經濟方面的影響則更爲具體，值得做更細緻的分析。上節結尾處，引到紹興三十一年（1161）四月楊杭乞升高郵縣爲軍的言論，其中有「今來（高郵）戶口在淮東最爲盛處，第去揚州遼遠，民戶輸納不便」之語。循其意，則高郵建軍以後，當地民戶的兩稅輸納等經濟活動，便可有更方便的途徑。這裡涉及宋代地方財政收入與分配問題，上一節在討論天長、六合兩縣的隸屬問題時也有涉及，只不過當時側重的是影響政區變動的因素，這裡則是從相反的方向出發，探討政區變動之後對揚州經濟的影響。這一點是必須區分開來的，以免有循環論證的錯覺。以上關於高郵、天長、六合的言說，在表面上只是政區等級或隸屬關係的變動，在更深層面則已經影響到揚州的財政。此節便以此爲始點，對政區變動對宋代揚州經濟的影響作更進一步的考察，並對宋代揚州經濟較李唐盛時爲衰落的原因再做檢討。

一、財政收入的整體縮減

宋代統縣政區財政收入的主體部分是本地區的賦稅，主要由屬縣負責徵收，之後上繳州郡倉庫。南宋州郡財政緊張，更是多有額外橫征的舉措，當時屬縣民戶的賦稅課利甚至被要求直接於州郡倉庫交納。另一方面，宋代縣級行政單位在地方財政體系中處於最基層，雖具有一定的獨立性，但整體上尚未形成一個完整意義上的財政核算單位，其管理在很大程度上依賴於本州。統縣政區有權將屬縣的相關經費收歸本部；而且實際上在兩稅的收納方面，也有直接輸往州軍的可能。〔註 78〕在這樣的背景下，統縣政區統縣數目的多少，直接關係到其財政收入的多寡。前引紹興三十一年（1161）楊杭所謂「今來（高郵）戶口在淮東最爲盛處，第去揚州遼遠，民戶輸納不便」之語，反映的正是財政上外縣往本州的輸送現象。一旦高郵置軍，這一輸送程序自

日所能知見之各古地理文獻中，凡記注了都督府和都護府的地名，又恰恰都再未記注地方等地，似乎他們就是地方等地」（第 314 頁）。筆者傾向於都督府具有等級意義。

〔註78〕 此處關於宋代州縣財政制度的敘述，並參汪聖鐸：《兩宋財政史》第三編第一章「地方財政的地位與作用」，第 520～521 頁；包偉民：《宋代地方財政史》第二章「州軍財政制度」，上海古籍出版社，2001 年，第 46～75 頁。

然隨之停止，揚州財政收入中的高郵部分也因此而喪失。無論是商稅、酒額還是鹽額，高郵所佔的比重，在整個淮東地區都相當可觀，所以高郵隸屬揚州與否，也足以影響揚州各種稅額在淮東地區的排名。這一點在第五章關於揚州商業經濟的討論中會有專門涉及，限於討論的主題，此處暫不詳及。總而言之，以上楊杭所謂「今來（高郵）戶口在淮東最爲盛處」的說法絕非虛語，統縣減少對揚州財政的影響是著實存在的。

北宋時期也有類似的現象，除《宋史・劉綜傳》所記六合、天長外，宣和年間知揚州許份曾言：

> 維揚一都會，而止江都、天長兩縣，不足以供經費。而泰州之泰興，舊屬邑也，願復之。〔註79〕

許氏之言獲准。以泰興縣的來屬，爲緩解揚州經費供應的緊張；此段文字將統縣數目與州郡財政之間的直接關係點明得很清楚。稍後建炎元年八月，知南外宗正事趙士儦就宗正司的搬遷，說「近往淮甸措置就糧去處，今來唯有揚州寬廣，粗可安集。緣本州路當衝要，又所管止有三縣，素號闕乏，竊恐緩急難以應辦。」〔註80〕「本州」即揚州，趙士儦之言與許份所說一致，同樣將統縣與揚州財政聯繫起來。其中「素號闕乏」的說法，當是對泰興來屬以前，揚州財政狀況的描述，值得注意。研究者曾以許份言說爲例，認爲宋廷更多地是通過直接調整行政轄區，來解決地方州軍間財政收支不平衡的現象。〔註81〕其論述的焦點與此不盡相同，但卻同樣注意到統縣數目的多少對州郡財政的影響。

同樣涉及泰興，紹興五年（1135）三月八日，揚州知州葉煥言：

> 前任守臣湯東野、宋孝先在任已得指揮，將泰興縣並柴墟鎮、遵化一鄉，撥隸揚州，因虜人侵犯，權隸泰州。上件縣鎮鄉不經虜人入境，即有稅入可揚州經費，乞還隸揚州。〔註82〕

湯東野、宋孝先守揚州，在紹興三、四年間，葉煥之言係重申此前的「指揮」。此段引文一方面爲南宋時期的軍事動影響揚州地區的政區變動又添一例；與

〔註79〕 李幼武：《宋名臣言行錄續別集外集》卷二。

〔註80〕 徐松輯，劉琳等點校：《宋會要輯稿》職官二○之三七，第6冊，第3584頁。按，此處言揚州統縣爲三，當是江都、天長與泰興。天長縣在建炎元年升爲軍，事當在八月以後，所以上面的「唐宋時期揚州斷代統縣表」所列建炎元年揚州統縣只有江都與泰興。特此說明之。

〔註81〕 包偉民：《宋代地方財政史研究》第二章「州軍財政制度」，第71頁。

〔註82〕 徐松輯，劉琳等點校：《宋會要輯稿》方域六之一三，第15冊，第9386頁。

此同時，也再次表明統縣數目之增加對揚州的財政經費的補充作用。結合紹興五年正月降高郵軍為縣並隸揚州的舉措，可知宋廷在臨安暫穩腳跟以後，對揚州政區有比較大幅的調整。一時間揚州統縣數目竟然達到四個，對揚州而言，這在整個兩宋時期都是比較特殊的現象。此處「泰興縣並柴墟鎮、遵化一鄉」的併入，可以增加揚州經費；相反，在揚州政區變動的過程中，六合、揚子、高郵、天長、海陵縣的析出，同樣可以減少揚州的財政收入，其理一也。這是可想而知的。

二、港口地位的下降──眞州的分割作用

在以上政區當中，眞州比較而言更為特別，原因在於其是港口城市。全漢昇先生在其關於唐宋揚州盛衰的名文中曾說，眞州的興起，「搶奪」了揚州的運輸業、國內貿易、金融業及造船業，而這些正是「揚州賴以繁榮之因素」；所以宋代揚州的衰落「當以眞州的興起為最重要的關鍵。」〔註83〕這是從最大程度上肯定了眞州對揚州經濟的影響。運輸業、國內貿易、金融業及造船業的發展，相當程度上仰賴水運交通的順暢，所以這些行業以及貿易的轉移，實際上是以港口的轉移為依託的。揚州港在唐代是長江口的唯一大港，其地遂成為當時國內外商業貿易的重要集散場域；這是揚州經濟發展突出的保障條件。但隨著晚唐以來揚州港本身狀況的惡化，入宋以後，揚州的港口優勢逐漸被分割了。〔註84〕全漢昇主要強調眞州一港對揚州的影響，最近則有人關注揚州周邊港口體系興起與發展的影響。〔註85〕但其中眞州是與揚州政區變動直接相關者，也是以往研究強調最多的一個港口城市。作為港口城市而逐漸發展，眞州在兩宋時期成為南北、東西航運的關鍵港口所在。關於這一點，梁庚堯先生在最近的長文中已有深入的研究，〔註86〕此不贅。需要注意

〔註83〕　全漢昇：《唐宋時代揚州經濟景況的繁榮與衰落》，《歷史語言研究所集刊》第11本，1943年，第149～176頁。

〔註84〕　關於唐宋時期揚州及其周邊港口狀況的分析，相關研究較多，如林承坤：《長江和大運河的演變與揚州港的興衰》，《海交史研究》1986年第1期；嚴耕望：《唐代揚州南通大江三渠道》，《新亞學報》第17卷，1994年；吳松弟、王列輝：《唐朝至近代長江三角洲港口體系的變遷軌跡》，《復旦學報》（社會科學版）2007年第2期。

〔註85〕　周運中：《港口體系變遷與唐宋揚州盛衰》，《中國社會經濟史研究》，2010年第1期，第73～78頁。

〔註86〕　梁庚堯：《從南北到東西──宋代眞州轉運地位的轉變》，（臺北）《臺大歷史學報》第52期，2013年12月，第53～143頁。

的是，對眞州在轉運方面具體表現的研究，一定程度上，正可以看成是對宋代揚州研究的直接延伸，故而對認識宋代揚州也可以起到有很好的參照作用。

關於眞州的分割作用，有兩點需要注意。一是眞州港口的分割作用有一個歷史的過程，這個過程與眞州行政等級的提升以及建置的逐步定型大體同步。《宋會要輯稿》「津渡」欄之首，列有京師開封以及地方之主要渡口的舊有名目，其中淮東長江沿線只有「揚州之瓜洲」。這份「舊總數」〔註87〕至少能夠代表北宋早期的情形。宋代眞州的前身建安軍之設在太祖乾德二年（964），眞州之設更在大中祥符六年（1013），所以眞州港口地位的提升必有一個歷史的過程，並非一入宋便取代了揚州的漕運地位。前文引到歐陽修皇祐三年（1051）所作《眞州東園記》，其中「眞爲州，當東南之水會，故爲江淮、兩浙、荊湖發運使之治所」這樣的話，這大概是北宋時期最早明確強調眞州地位的言說，也只是在趙宋立國近百年以後。司馬光在《送吳駕部（處厚）知眞州》中對眞州「江淮一都會」〔註88〕的評價，更是在哲宗元祐初年（吳處厚知眞州，在哲宗元祐元年、二年，1086～1087），更是要再晚三十年。

二是以往雖強調眞州取代了揚州的港口地位，但至於在何種程度上取代，卻並沒有做進一步的追究。宋代揚州瓜洲段運河畢竟還有一定的通航能力，眞州的取代只是部分而已，並不能完全頂替揚州的漕運地位。這就涉及到眞、揚兩地漕運吞吐的分配問題。今未見前人於此有特別指出者，故就此略加考釋。安史之亂以後，中原殘破，京師經濟供給多仰仗江南。唐代宗時，劉晏在改善漕運的過程中，有「江南之運，積揚州」〔註89〕之規劃。類似的記載不少，如權德輿記揚州「控荊衡以沿泛，通夷夏之貨賄。四會五達，此爲咽頤。」〔註90〕王溥則說：「廣陵當南北大衝，百貨所積。多以軍儲貨販，列置邸肆。」〔註91〕凡此之類，皆說明中晚唐時期，揚州在物資轉運環節的

〔註87〕　徐松輯，劉琳等點校：《宋會要輯稿》方域一三之三，第16冊，第9534頁。

〔註88〕　司馬光：《送吳駕部（處厚）知眞州》，見《全宋詩》卷五一〇，第9冊，第6158頁。

〔註89〕　歐陽修、宋祁撰：《新唐書》卷五十三《食貨志》，第1368頁。

〔註90〕　權德輿：《大唐銀青光祿大夫檢校司徒同中書門下平章事太清宮及度支諸道鹽鐵轉運等使崇文館大學士上柱國岐國公社公淮南遺愛碑銘（並序）》，見周紹良主編：《全唐文新編》（第3部第1冊）卷四百九十六，吉林文史出版社，2000年，第5859頁。

〔註91〕　王溥：《唐會要》卷八十六《市》，上海古籍出版社，2006年，第1874頁。

中心位置。然而至於宋代，情況已大有不同。政和二年（1112）三月十三日，發運司奏：

> 六路合發上供額斛，如般發違一限，從本司會算撥過。江、湖路自眞州，並兩浙路自揚州，各至泗州上河一節支費闕，本路出備撥還，若已出末限，即出備自眞、揚州至京錢米。〔註92〕

同年，淮南路轉運判官向子諲奏：

> 轉般之法，寓平糴之意。江、湖有米，可糴於眞，兩浙有米，可糴於揚，宿、亳有麥，可糴於泗。坐視六路豐歉，有不登處，則以錢折斛，發運司得以斡旋之，不獨無歲額不足之憂，因可以寬民力。運渠旱乾，則有汴口倉。今所患者，向來糴本歲五百萬緡，支移殆盡。〔註93〕

揚州雖然仍具備一定漕運功能，但已部分被眞州等地分割。內中「江湖路自眞州，並兩浙路自揚州」的說法，正是對北宋末期揚州、眞州兩地漕運吞吐狀況的一種反映。江湖路包括江南東路、江南西路、荊湖南路、荊湖北路，「六路」占其四，在政區幅員上較之兩浙路更爲廣闊。這與前引「江南之運，積揚州」之言，形成了鮮明地反差。唐宋時期，揚州港口地位的變化以及眞州在其中扮演的角色，與此可見一斑。

北宋末期的這種說法，當然有相當的憑據。沈括《夢溪筆談》卷十二記載了嘉祐六年（1061）〔註94〕當時六榷貨務受納茶額的總數及各榷貨務茶額分數，其中眞州「受納潭、袁、池、饒、歙、建、撫、筠、宣、江、吉、洪州、興國、臨江、南康軍片散茶共二百八十五萬六千二百六斤」，而六務總額爲「五百七十三萬六千七百八十六斤半」〔註95〕，眞州之額占總數的近一半，足見比重之大。此雖是以茶爲例，但茶業的受納需要通過漕運手段則是可以想見的。所可注意者，《夢溪筆談》中所記「潭、袁、池、饒、歙、建、撫、

〔註92〕 徐松輯，劉琳等點校：《宋會要輯稿》職官四二之三六，第7冊，第4089頁。
〔註93〕 脫脫等：《宋史》卷一百七十五《食貨志上四》，第4259頁。
〔註94〕 梁庚堯認爲嘉祐六年的「六」或爲「元」之誤，（見《從南北到東西——宋代眞州轉運地位的轉變》注釋27，（臺北）《臺大歷史學報》第52期，2013年12月，第63～64頁），有一定的道理。但兩者相去不遠，故於此處論旨無大影響。無論如何，這個數字反映出當時眞州在區域乃至全域茶業貿易中佔有重要的地位，則是可以肯定的。
〔註95〕 沈括著，胡道靜校證：《夢溪筆談校證》卷十二，上海人民出版社，2011年，第339～340頁。

筠、宣、江、吉、洪州、興國、臨江、南康軍」等地，正屬於上引政和二年發運司所謂「江、湖路」的範圍。所以「江、湖路自眞州，並兩浙路自揚州」的說法，不但與事實相符，而且正是對眞州分割作用的具體描述。

本小節強調的是政區變動對揚州經濟的影響，所以必須從揚州政區變動的角度審視眞州港口的意義。宋代眞州憑藉港口優勢的突出發展，削弱了鄰近的揚州的經濟地位，這是以往的論述所指明了的。但眞州與其他港口的不同之處，在於眞州之設立是割揚州之地而爲之。我們必須記住眞州是從揚州分割出去的政區，才能更好地解釋宋代揚州城市經濟的現狀。因爲若無此行政區劃上的調整，當眞州其地仍隸屬揚州時，一方面，就整個揚州行政區域而言，反而表明了該區發展出現新的活力，甚至形成了新的經濟中心。或者只能說宋代揚州區域內部發展的不平衡，而不能籠統地說宋代揚州已經衰落；另一方面，眞州地區經濟社會的發展雖比揚州地區更具交通優勢，但畢竟只是屬縣領域，對於揚州的經濟當有一定的反哺作用。就這一點而言，宋代眞州其地經濟的發展對揚州的影響至少不會像通常認爲的那麼大。眞州之地作爲揚州轄區時，對揚州經濟有類似的效果。從揚州析出的其他政區，雖然經濟上的地位各有輕重，但同樣也應該注意到這一層面。此可見政區因素在討論唐宋揚州盛衰過程中的重要性。

三、地理因素的影響：宋代揚州相對衰落之原因再探討

政區變動對揚州的影響是多個方面的，此章特別強調經濟方面的直接影響，對於間接與經濟相關或者非經濟內容並未涉及。以上兩個方面，一則涉及整體上的財政收入，一則是關於眞州的個案分析，通過兩方面的結合，大體能夠反映出政區變動對揚州經濟的消弱作用。鑒於前賢研究的洞見與偏見，這裡有必要對以往關於宋代揚州衰落的諸種說法作一總結與反思，以更好地認識唐宋時期揚州的盛衰轉變。而且這種政區變動在唐宋之際據有一定的普遍性，所以這種總結與反思對於認識唐宋時期其他政區的經濟或也有一定的啓示意義。

唐代是揚州發展歷史中一個輝煌的時期，「揚一益二」之說即反映出其時揚州的突出地位。但經過唐末五代以後，揚州的經濟社會受到相當的衝擊。儘管五代南唐時期，揚州曾有恢復的機會，然而不但時間短暫，而且程度有限。開寶八年（975），南唐歸順趙宋，當時的揚州已是殘破不堪。後主李煜

曾有「吳苑宮闈今冷落，廣陵臺殿已荒涼」〔註96〕之句。這雖是亡國之音，但確實也有現實的背景。北宋中期的歐陽修有「揚州無復似當年」〔註97〕之歎，歐公心存對照的「當年」，自然是揚州繁盛的中晚唐時期。可見入宋後，經過近百年的發展，揚州的社會經濟仍然不及唐時盛況。不但如此，在整個北宋時期相對安靜的環境裏，揚州的發展也一直未曾趕上唐時的繁榮。南宋洪邁針對揚州的盛衰，說「本朝承平百七十年，尚不能及唐之什一，今日眞可酸鼻也。」〔註98〕所謂「本朝」，即北宋，「今日」則指洪邁所處的南宋時期。顯然，在洪邁眼中，揚州的發展，不但北宋不及唐代，南宋更是不及北宋了。

　　宋代揚州不是沒有安穩的社會環境，爲何在時人及後人眼中，其城市經濟與社會竟是衰落的景象呢？今人對此從多個方面給出了解釋，大體可以將其歸納爲以下四種說法：一、戰爭說。這一種說法特別強調戰爭對揚州的破壞作用。宋人對此已有認識，洪邁就曾注意到唐末五代戰亂對揚州經濟社會的破壞。〔註99〕今人則進一步強調宋金、宋元戰爭對揚州的負面影響。〔註100〕二、眞州取代說。該說認爲戰爭雖然對宋代揚州有一定的影響，但卻不是宋代揚州衰落的根本原因。宋代揚州衰落，主要是由於以往促進揚州繁榮的有利條件，特別是港口優勢，被眞州所取代。從而造成宋代揚州的衰落。〔註101〕

〔註96〕　龍袞撰，張劍光整理：《江南野史》卷三「後主」，見上海師範大學古籍整理研究所編：《全宋筆記》第一編第三冊，大象出版社，2003年，第173頁。

〔註97〕　歐陽修撰，洪本建校箋：《歐陽修詩文集校箋》卷十三《和原父揚州六題》之《竹西亭》，第394頁。

〔註98〕　洪邁撰，孔凡禮整理：《容齋隨筆》卷九「唐揚州之盛」條，見上海師範大學古籍整理研究所編：《全宋筆記》第五編第五冊，大象出版社，2012年，第126頁。

〔註99〕　洪邁撰，孔凡禮整理：《容齋隨筆》卷九「唐揚州之盛」條，第126頁。

〔註100〕　陳曉燕：《宋詩所見揚州經濟現象及其成因探析》，《中國城市經濟》，2011年第27期，第229～230頁。

〔註101〕　此說由全漢昇先生發其端，之後謝元魯、西嵐弘晃等學者有進一步發揮。詳見全漢昇：《唐宋時代揚州經濟景況的繁榮與衰落》，《歷史語言研究所集刊》第11本，1943年，第149～176頁。謝元魯：《論「揚一益二」》，《唐史論叢》（第三輯），1987年第2期，第231～273頁。西嵐弘晃：《宋代揚州的城市水利》，原載《中國近世社會的都市與文化》，東京大學人文科學研究所，1984年；呂娟的中譯本，見《城市發展研究》1996年第1期，第48～50頁。需要注意的是，以上三人雖都強調眞州取代揚州的港口地位，但對戰爭因素的強調程度則不盡相同。相較之下，謝氏最關注戰爭因素對揚州社會經濟的影響，全氏次之，西嵐弘晃則未考慮戰爭因素。

三、港口體系說。與單一強調眞州的取代作用不同，該說以爲宋代揚州的衰落，眞州一港並沒有決定性的影響。認爲與唐代揚州一港獨大的局面不同，宋代長江口不但舊港如潤州、江寧、江陰有新發展，新港如眞州、通州、青龍也次第出現，從而分擔了揚州原有的貿易職能，所以唐宋之際長江三角洲港口體系的變遷，才是宋代揚州衰落的最關鍵原因。〔註 102〕四、經濟重心南移說。該說對強調港口因素的說法提出了反駁，將城市經濟的盛衰放到唐宋之際經濟重心南移這一經濟格局變遷的大背景下進行考察。認爲唐代揚州的繁榮與經濟重心的南移息息相關；至宋代，經濟重心的南移基本完成，南盛北衰的經濟地理格局已經形成。隨著東南經濟區的全面發展，市舶司等機構的據點向南轉移，揚州失去了通海的機會。與此相關，揚州的商業流動性也大爲降低。在這些因素的共同影響下，揚州隨之失去了以往經濟中心的地位。〔註 103〕

　　以上諸說中，「戰爭說」由來已久。但是戰爭只是歷史演進中的變態，整個兩宋時期，揚州區域的常態仍然是安靜和平的，故此說只能部分回答特定時期揚州的衰落現象，卻不足以解釋整個兩宋時期的揚州相對於唐代鼎盛時期的衰落。全漢昇先生的「眞州取代說」，是近人關於宋代揚州衰落的最早論述，開創之功不可沒，且有重要影響。〔註 104〕然而，一方面眞州地位的凸顯有一個歷史過程，另一方面宋代揚州地位的削弱，眞州以外的其他統縣政區也有影響作用，不容忽視。所以周運中的「港口體系說」，跳出區域史研究的某些局限，從更大的地域範圍內把握宋代揚州的經濟狀況，對以往的研究是一次重要的推進。但「港口體系說」與其說是解釋了局部區域的衰落，不如說是描述了整體區域的發展；由於對唐宋時期揚州內在的變化關注不夠，所以其針對前者的有效性要弱於後者。韓茂莉先生從經濟重心南移的角度進行分析，揭示了經濟變遷的宏觀背景，但卻忽視了具體個案之間的差異性。因爲若依此說，則與揚州地理位置相近的城市，在兩宋時期也應該呈現經濟衰

〔註 102〕　周運中：《港口體系變遷與唐宋揚州盛衰》，《中國社會經濟史研究》，2010 年第 1 期，第 73～78 頁。

〔註 103〕　韓茂莉：《唐宋之際揚州經濟興衰的地理背景》，《中國歷史地理論叢》，1987年第 1 期，第 109～117 頁。

〔註 104〕　梁庚堯先生在宋代揚州衰落這一點上，基本觀點與全漢昇先生一致。詳參前揭梁庚堯：《從南北到東西——宋代眞州轉運地位的轉變》，（臺北）《臺大歷史學報》第 52 期，2013 年 12 月，第 53～143 頁。

落的景象；這就無法解釋類似如宋代眞州的突出發展。毋庸置疑，以上諸說都在不同程度上具有一定的合理性，但都不能完全有效地解釋宋代揚州的相對衰落，甚至沒有抓住這種衰落的關鍵因素。但它們卻有一個相同的特點，即戰爭（實際的軍事行動）、港口、經濟重心等因素，都是關注外在因素對宋代揚州經濟的影響，相對忽略了晚唐以降揚州自身所發生的內在變化。無論如何，唐人筆下的揚州與宋人言說中的揚州，其所指畢竟已多有不同；唐宋時期揚州行政區劃的差異即是一項重要的內容。討論前後不同時期的名稱相同而所指已異的實體，不能不注意此間的區分。

　　政區因素的特殊性還在於它與多個因素相關聯，提供了一個整合多方面因素的視角。以往關於宋代揚州轉向衰落的研究，在忽視唐宋時期揚州政區的變動的同時，實際上分析的視角也不夠全面。比方說這些研究往往忽視了宋廷強化中央集權這一政治因素對揚州經濟社會的影響，而若考慮到這一點，宋代揚州的相對衰落，在一定程度上甚至可以說是在所難免。從戰爭、港口、經濟重心等某一個具體的方面入手，強調在某一因素的影響下，導致了宋代揚州的衰落。如此或可將某些具體問題論述得更深入，但對於認識宋代揚州相對衰落這一點來說，卻顯得頗爲不足。唐宋時期，一方面，政治、經濟、港口、軍事等因素會影響到揚州的行政區劃，另一方面行政區劃的變動又反過來影響到揚州的經濟盛衰與地位。從這裡可以看出政區因素在分析唐宋時期揚州盛衰過程中的特殊性：它與揚州經濟盛衰實際上是互相影響的，而與港口、戰爭、經濟重心等因素，並非處於同一個層次。

　　除政區地理以爲，另有政治\軍事地理因素也需要給予高度的重視。這個因素實際上與戰爭因素有一定的關聯，只不過前人對於戰爭的強調，往往指的是具體的戰事行動；而此處所說的政治\軍事地理因素，則是伴隨著兩宋之際宋金戰爭的之後所形成的政治格局而來的。靖康之變後，宋室南渡，淮水以北的領地盡數丟失。在南宋「背海立國」的態勢下，江淮一帶成爲了南宋的「前衛地區」，[註105] 是爲宋金以及此後宋元對峙的前沿地帶。揚州作爲江淮重鎮，也隨之而從以往的「內地」轉變成爲「邊郡」。前揭梁庚堯先生最近關於眞州的論文，主標題用「從東南到西北」以爲界定，實際上也是以

〔註105〕　參劉子健：《背海立國與半壁山河的長期穩定》，原載《中國學人》1972 年第
　　　　　4 期，收入《兩宋史研究彙編》，（臺北）聯經出版事業有限公司，1987 年，
　　　　　第 21～40 頁。

兩宋時期地理形勢的轉移爲背景的，只不過梁先生主在探討眞州的「轉運地位」，所以才用「東南、西北」這樣的方位詞。這種地理形勢的轉變，使得南宋與北宋兩個時期，揚州的周邊或者說外部環境發生了重大的變化，影響不止於一端。凡區域人口、農田經營、經濟運作、商業貿易、城池建設、城市布局等等，南宋與北宋都有比較明顯的差異。本文以「從內地到邊郡」爲主標題，其故即在於此。因爲對政治＼軍事地理因素的考察，需要結合以上各個方面的具體實況，所以本章對此並未展開，而只是在結尾處拈出這一重要背景因素。至於對這些內容進行具體的分析，則是接下來各章所要完成的任務。

第四節　結語

本章對宋代揚州的政區變動進行了比較系統的考察。一方面對這種變動的類型與趨勢進行總結，另一方面也探究了出現這些變動的原因及其產生的影響。在這個基礎之上，反思了前人關於唐宋揚州經濟盛衰轉變原因的探討。唐宋時期揚州政區之所以發生重大的變化，有宏觀的歷史背景也有區域性的現實條件，兩類因素對宋代揚州經濟乃至於軍政地位都有一定的消弱作用。

從宏觀層面講，安史亂後，地方藩鎮勢力影響巨大，對中央政權多有威脅，皇權方面遂多有強化中央集權的意向。所以趙宋政權建立以後，在這方面採取了相當多的措施，調整行政區劃便是其中一個重要方面。在行政區劃的變動中，統縣政區幅員之縮減，又是一項重要內容。宋代揚州政區幅員的縮小，在當時並非特例，它是強幹弱枝的立國態勢下，宋廷加強對地方控制的客觀要求，正體現了趙宋政權刻意分化唐末以來地方藩鎮的政治考量。需要注意的是，揚州政區幅員的縮小，在唐末五代已見趨勢，並非始於宋代。這個過程與唐宋之際經濟重心的南移是大體合拍的。唐宋之際揚州政區的變動，正是經濟重心南移背景下東南政區密度細化的一種反映。伴隨著揚州統縣的析出，這些析出政區，或行政等級直接提升，或隸屬新設政區，最終在北宋眞宗朝形成相對穩定的格局。

從區域性的現實條件來看，唐宋時期揚州政區的分化，影響因素是多方面的。其中有經濟因素，如唐末以來揚州轄下政區經濟實力的提升，像眞州、高郵軍的設置、海陵縣的析出（泰州之設置）均與此有關，而眞州更是官方

重要經濟機構如榷場、發運司的設置地。有港口、交通因素，如運河航道的
變化，這爲眞州、高郵提供了重要的交通條件，港口、交通優勢成爲當地經
濟重要的拉動力量。有軍事因素，如高郵軍、天長軍的興廢與宋金軍事動態
緊密相關。影響不同政區的主要因素或各有側重，但整體來說，這些因素往
往是相互關聯的，共同促成了揚州政區幅員的縮減，並最終對揚州經濟社會
的發展造成影響。唐宋時期，揚州經濟之盛衰變遷，關涉的內容是多個方面
的。如經濟重心之轉移、港口交通之變遷、軍事戰爭之影響，政區地理之分
化等等。本章對前賢留意較少的地理因素特別予以關注。

　　總結地說，宋代揚州統縣數目的減少，以及析出政區行政等級的上升，
一方面與析出政區自身的經濟、交通等條件密切相關，另一方面也符合趙宋
王朝加強中央集權的整體意向，是宋廷重內輕外、加強對地方控制的一種重
要表現。雖然宋代揚州不及唐代揚州之繁華，但從另一個角度說，這一現象
恰恰是趙宋王朝在加強中央集權，消弱地方勢力方面的一個很好的例證。唐
宋時期，隨著揚州轄下政區的相繼析出，宋代揚州與唐代鼎盛時期的揚州相
比，其政區幅員大爲縮小，只是將唐代揚州西、北、東三面部分切割之後的
剩餘。而析出政區在經濟、軍事等方面多有一定的優勢，從而消弱了揚州的
軍政地位，當地經濟的發展也隨之受到影響。特別需要指出的是，這些因素
必須通過行政區劃的調整這一步，當眞州、高郵軍等政區從揚州割離出去之
後，才能夠成對揚州地位的削弱；政區因素的特殊性即表現在這裡。考察宋
代揚州的相對衰弱，若只從港口、戰爭、經濟重心等外在因素進行解釋，則
都遺漏了一個重要因素。〔註106〕

〔註106〕　按，這一章是在拙文《宋代揚州的政區變動與經濟衰落》(《歷史地理》第32
　　　　　輯，上海人民出版社，2015年，第69～79頁)的基礎上改寫而成，在論述
　　　　　方式以及結構安排上二者不盡相同，並且本章又補充了一些材料，在個別問
　　　　　題的考訂上也作了些許修正。特此說明之。

第三章　宋代揚州的人口狀況

論文第二章對宋代揚州的行政區劃作了系統的考述，強調了政區變動對於揚州經濟社會的影響。其實若著眼於地理因素，則北宋到南宋，揚州的最大變化，當是從東部「內地」轉變爲北部「邊境」地帶。這種轉變的影響是多方面的，在接下來的幾章中，我們將切入實際的層面，從人口狀況、農田經營、水利漕運及商業經濟等多個不同的角度，進一步考察宋代揚州經濟社會的實況，而且特別留意「內地」到「邊郡」這種轉變導致的北宋與南宋時期揚州經濟社會的差異。揚州統縣數目的變動與人口多寡有直接的關聯，這一章便集中對兩宋時期揚州的人口狀況作一考察。

第一節　宋代揚州戶口總數概況

一、北宋時期的持續增長

宋廷早有留意揚州的戶口統計，在乾德元年（963）十月第一次於全國範圍內調查戶口以前，便有相應的舉措。李燾《續資治通鑑長編》乾德元年八月丁亥條記：「先是，上命唐主發遣揚州戶口及州顯德以來將吏隔在江南者，唐主遣史請緩期。」〔註1〕這是追溯之言，發遣揚州戶口之事，應當要更早一些。關於此事，在《宋大詔令集》中有相對詳細的記載。其言：

> 杜廷望至，爲先令吳跡泳傳宣，令發遣顯德二年後隔過朝廷員
> 僚兵士及揚州戶口，卻過江北，所有將率一二千人，不免恐懼，只

〔註1〕　李燾：《續資治通鑑長編》卷四，乾德元年八月丁亥，第 103 頁。

希年歲間番次發遣，其揚州戶口見括勘，相次起遣過江北事。〔註2〕
據此，則唐主所遣之使當即杜廷望也。唐主緩期之請獲允，揚州戶口「括勘」
之事在開寶四年（971）仍在進行。開寶四年七月，宋廷詔揚州等地「所抄丁
口，宜令逐州判官互相往彼，與逐縣令佐子（仔）細通檢，不計主戶、客戶、
牛客、小客，盡底通抄。」〔註3〕這是宋初全國性戶口調查的具體要求，比乾
德間直接針對揚州戶口的記載更為具體。但所有這些關於宋初揚州戶口之數
據，今皆已流失，見存文獻中關於宋代揚州的戶口統計，以樂史《太平寰宇
記》中的記載為最早，接下來的討論便以樂史所記為始點。

《太平寰宇記》所記大體為宋太宗太平興國（976～983）後期的行政區
劃，間有涉及雍熙、端拱時期（984～989）的政區變遷。學者據此認為其中
記載的戶口數據，大體反映是太平興國五年（980）至端拱二年（989）之間
的情況。〔註4〕據樂史所記，當時揚州主戶 14914，客戶 14741，二者總數 29655
戶。〔註5〕由於經過晚唐五代以來的動亂，北宋初期的戶口統計尚不夠完整，
再加上戶口統計中存在欺瞞隱蔽現象，〔註6〕所以樂史所記的數據容有遺漏，
即北宋太平興國後期的揚州戶口比上述數據要略高一些。但無論如何，根據
上面的數據，宋太平興國時期揚州主客戶之總數，與李唐天寶元年（742）的

〔註2〕 司義祖整理：《宋大詔令集》卷二百二十五《賜江南李煜詔》，中華書局，1962
年，第 871 頁。按：《宋大詔令集》記此事在「建隆四年（963）八月戊子」，
實是同一年之事，因當年十一月改元乾德，故此乃史書取法不同所致。至於「丁
亥」「戊子」之別，李燾謂「《國史》載戊子初命李煜發遣，誤也。今從《實錄》。」
蓋《續資治通鑒長編》與《宋大詔令集》之史源不同故也。

〔註3〕 徐松輯，劉琳等點校：《宋會要輯稿》食貨六九之七八，第 13 冊，第 8093 頁。

〔註4〕 梁方仲：《中國歷代戶口、田地、田賦統計》，中華書局，2008 年，第 195～196
頁。吳松弟在《中國人口史》中，為行文方便，徑直將其定為太平興國五年的
數據。見《中國人口史》（第三卷，遼宋金元時期）第四章，復旦大學出版社，
2000 年，第 118 頁。

〔註5〕 樂史撰，王文楚等點校：《太平寰宇記》卷一百二十三《淮南道一‧揚州》，第
2442 頁。

〔註6〕 前引宋太祖開寶四年七月的詔令中，另有「聞豪要之家，多有欺罔，並差貧闕，
豈得均平？」之言，據此可知，隱漏戶口的現象在宋初即存在。實際上欺瞞隱
蔽的現象比較普遍，當時之人，多有言之。馬端臨曾特別提醒說關於戶口的數
據，「所紀似難憑，覽者詳之。」（《文獻通考》卷十一《戶口考二》，第 305
頁。）關於宋代隱蔽戶口的現象，學人多有研究，此不詳具。日本學者加藤繁
《宋代的戶口》（收入《中國經濟史考證》（下），吳傑譯，中華書局，2012 年，
第 693～708 頁。）一文，對這種現象有所涉及，可參看。

77105 戶相比，[註7] 只是後者的三分之一多；若以人口而言，唐代天寶時期每戶約六人，宋初每戶平均尚不及三人，[註8] 則宋初揚州人口與天寶時期揚州人口的差距更爲明顯。太宗末年（至道間：995～997），王禹偁在揚州任上，曾有「揚州雖號藩方，無多戶口」[註9] 之語，則揚州戶口在趙宋立國三十多年後，仍然相對有限。

　　宋初揚州戶口減少的原因是多方面的。以往的研究往往強調戰爭的破壞及其導致的人口遷移，[註10] 而另一個常爲人所忽視的方面是爲政區變動的影響。如論文第一章所考述，唐宋時期揚州的行政區劃有重大變更，宋代揚州的統縣較唐時揚州統縣爲少，太平興國時期揚州領縣有三：江都、廣陵與六合，而李唐天寶時期的揚州屬縣有六七個；[註11] 這是樂史所記揚州戶數偏少之最重要的內在原因。所以若著眼於更爲廣泛的區域，加上從揚州分割出去的高郵、天長、建安之戶數，便會發現宋太宗時期此等地區的總戶數爲67958，與唐天寶時期的差距更小一些。

　　人口與經濟緊密相關，就揚州而言，天寶與宋初的揚州在人口多寡方面顯有差別，這是唐宋時期揚州盛衰轉變的一個重要表徵。但儘管宋初揚州戶數較之唐代繁盛時期大爲減少，但此後的北宋時期卻一直保持增長的趨勢，而且在整個淮南（東路）地區，都有比較優勢。所以宋代揚州戶口仍有可說者。茲先以《太平寰宇記》所記戶口數據，製成的太平興國末期淮南道主要政區戶數表（表3-1）如下，再據爲解說。

〔註7〕　梁方仲：《中國歷代戶口、田地、田賦統計》甲表26，第127頁。

〔註8〕　關於唐宋時期的每戶平均人口數，實際上今天並不能作出確切的統計，特別是北宋時期的人均戶數，更是如此，以上的數目只是大概而已。根據現有數據，兩宋時期平均每戶之後兩三人，這一數據顯然不合常理。爲避枝蔓，本文的分析主要集中在戶數，從戶數的多少把握宋代揚州人口的整體狀況及其變動。並參了梁方仲《中國歷代戶口、田地、田賦統計》；孫國棟《北宋農村戶多口少問題之探討》（收入《唐宋史論叢》，上海古籍出版社，2010 年）；加藤繁《宋代的戶口》（收入《中國經濟史考證》（下））等著作。

〔註9〕　王禹偁：《小畜集》卷二二《揚州謝上表》，收入《全宋文》卷一四六，第 7冊，第 323～324 頁。

〔註10〕 關於這方面的研究，參吳松弟在《中國移民史》（第 3 卷，隋唐五代時期）第九章第二節及《中國移民史》（第 4 卷，遼宋金元時期）第七章第一節相關部分的討論（福建人民出版社，1997 年）。

〔註11〕 開元十年（722）省海安縣入海陵縣，揚州領縣六。參郭聲波：《中國行政區劃通史·唐代卷（上）》上編第七章第一節，第 419～421 頁。

表 3－1：《太平寰宇記》所記太平興國末期淮南道主要政區戶數表

政區	統縣	主戶數	客戶數	總戶數	縣均戶數	主客戶比
揚州	3	14914	14741	29655	9885	1.01：1
高郵軍	1	11628	9137	20765	20765	1.27：1
天長軍	1	7148	7632	14780	14780	0.94：1
建安軍	1	2055	708	2763	2763	2.90：1
泰州	4	12188	20283	32471	8117	0.60：1
楚州	4	10578	13839	24417	6104	0.76：1
通州	2	8087	2700	10787	5394	2.99：1
和州	3	4789	4961	9750	3250	0.97：1
舒州	5	12842	19338	32180	6436	0.66：1
廬州	5	18817	26411	45228	9045	0.71：1
蘄州	4	14119	14817	28936	7234	0.95：1
光州	4	5251	13330	18581	4645	0.39：1
滁州	3	10839	9834	20673	6891	1.10：1
濠州	2	7447	10864	18311	9155	0.69：1
壽州	5	6997	26506	33503	6700	0.26：1
黃州	3	7342	3609	10951	3650	2.03：1
漢陽軍	2	1439	2280	3719	1859	0.63：1
安州	6	4276	8312	12588	2098	0.51：1
信陽軍	1	1020	446	1466	1466	2.29：1

　　據此表可知，雖然宋太宗太平興國時期揚州總戶數在淮南地區並非最多，但揚州的縣均戶數在淮南地區卻排在第三。而排前兩位的高郵軍、天長軍，皆係從揚州析出之政區，且天長稍後在太宗至道二年（996）便廢爲縣，隸屬揚州。所以從整體戶數上講，宋初揚州在淮南地區仍然有舉足輕重的地位。今人往往以爲唐代揚州繁盛時期那種經濟上的突出地位，至兩宋時期便被鄰近的眞州（建安軍）所取代，從人口上講，這一說法似乎還不夠準確，至少北宋太宗朝建安軍的地位尚不足以與揚州抗衡。後文在探討宋代揚州經濟社會其他方面內容時，對此類問題還會有所涉及。

通過樂史的記載，可知唐宋兩個不同時期揚州的人口變化；兩宋不同時期，揚州地區的人口總數又是怎樣的狀態呢？這是我們接下來要繼續考察的問題。王存《元豐九域志》記揚州主戶 29077，客戶 24855，〔註 12〕主、客戶總數為 53932。《元豐九域志》反映的是北宋神宗元豐八年（1085）左右的政區狀況，其主、客戶數據則是元豐元年的情形。〔註 13〕此時揚州領縣數目雖仍舊為三（江都、高郵、天長）。但如論文第一章所考，其屬縣已有別於太平興國時期（江都、廣陵、六合），其中廣陵併入江都，六合割隸真州。為便於說明，此處依舊將王存所記列為表格（表 3－2），以為比較之資。

表 3－2：《元豐九域志》所記元豐元年（1078）淮東政區戶數表〔註 14〕

政區	統縣	主戶數	客戶數	總戶數	縣均戶數	主客戶比
揚州	3	29077	24855	53932	17977	1.26：1
亳州	7	86811	34068	120879	17268	2.55：1
宿州	4	57818	48060	105878	26469	1.20：1
楚州	5	59727	20018	79745	15949	2.98：1
海州	4	26983	20660	47643	11910	1.31：1
泰州	4	37339	7102	44441	11110	5.26：1
泗州	3	36725	17240	53965	17988	2.13：1
滁州	3	29922	10363	40285	13428	2.89：1
真州	2	16790	17068	33858	16929	0.98：1
通州	2	28692	3247	31939	15969	8.84：1

將此表數據與表 3－1 的數據對比，可知在北宋太平興國末期至元豐八年這期間一百年的時間裏，揚州的主、客戶均有顯著增加；特別是縣均戶數，仍然排在淮東前列。除此之外，這裡有兩點需要注意：一、入宋後，經過 120

〔註 12〕　王存撰，王文楚、魏崇山點校：《元豐九域志》卷五《淮南路‧東路‧揚州》，中華書局，1984 年，第 192 頁。

〔註 13〕　關於《元豐九域志》中的主客戶數據，王文楚以為反映的是元豐二年的情況。吳松弟據數據來源為閏年圖及成書年代，推定為元豐元年，比較可信。詳參吳松弟《中國人口史》（第三卷，遼宋金元時期）第四章，第 118 頁。

〔註 14〕　按，加藤繁在《宋代的主客戶統計》一文中，對《元豐九域志》中的數據亦有統計，但其統計的相關標準與此不盡相同。可互參。其文收入《中國經濟史考證》（下），第 709～732 頁。

多年的發展，揚州的戶口數仍然不及唐時揚州鼎盛之時。據此可知政區變動的影響是深遠的，而這個數據也是宋代揚州相對衰落的一個指標；二、元豐時期眞州的戶數同樣有大幅增加，且增長率較之揚州爲高，這也是北宋時期眞州經濟社會有突出發展的重要表徵。但此時眞州的總戶數以及縣均戶數仍然不及揚州，則對眞、揚兩地經濟社會進行比較時，仍需注意揚州的相對優勢。所可注意者，《元豐九域志》提供了一份難得的關於元豐時期主客戶的數據，就當時主客戶的比率來看，揚州地區的主戶相對來說更多一些，在一定程度上，或可表明其地的居民生活更爲安定。〔註15〕這也是對兩地社會經濟狀況差異的一種反映。

《宋史・地理志》中記有崇寧時期的戶口數據，其數據類別與前兩種地理志書中的稍有不同。從中可見北宋末期揚州戶數及口數的狀況。茲仿前例，作崇寧元年（1102）淮東政區的戶口統計表（表 3－3）如下：

表 3－3：《宋史・地理志》所載淮東地區崇寧元年（1102）戶口表

政區	統縣	總戶數	總口數	縣均戶數	戶均人口
揚州	2	56485	107579	28242	1.90
亳州	7	130119	183581	18588	1.41
宿州	5	91483	167379	18296	1.83
楚州	6	78549	207202	13091	2.64
海州	4	54830	99750	13707	1.82
泰州	4	56972	117274	14283	2.06
泗州	3	63632	157351	21210	2.47
滁州	3	40026	97089	13342	2.43
眞州	2	24242	82043	12121	3.38
通州	2	27527	43189	13763	1.57
高郵軍	1	20813	38751	20813	1.86
安東州〔註16〕	1	19579	40785	19579	2.08

〔註15〕 加藤繁：《宋代的主客戶統計》，《中國經濟史考證》（下），第 718 頁。
〔註16〕 北宋崇寧時期，安東州實名漣水軍。漣水軍升安東州，事在南宋景定時期。
參李昌憲：《中國行政區劃通史・宋西夏卷》第四編第二章，第 519～520 頁。

　　與表 3－2 相比，可知大體在元豐以後，再經過 20 年左右的時間，揚州在統縣減少一個（高郵）的情況下，總戶數竟然增長 2500 多戶，此間的年平均增長率（1.65）遠高於太平興國至元豐間的年平均增長率（0.02）。這是北宋中後期揚州經濟社會發展的一個突出表現。若與淮東其他政區相比，揚州的總戶數及其人口總數在當時淮東地區並非最突出者，但其縣均戶數則明顯多於淮東其他政區。值得注意的是，在統縣數目相等的情況下，崇寧間眞州的總戶（口）數、縣均戶數，不但較揚州爲少，而且與 20 年前的元豐時期相比，也明顯地減少（其中戶數減少 9600 多，縣均戶數減少 4800 多）。經過這樣的對比，在一定程度上可以說明，時至北宋崇寧間，揚州經濟整體的發展程度仍要高於包括眞州在內的淮東其他政區。

　　以上是根據現存文獻，對北宋特定時期揚州戶口的考察。《太平寰宇記》、《元豐九域志》以及《宋史・地理志》所記的三組數據，反映的並非當時揚州戶口的全貌，如主、客戶數有省漏、丁口有特指等等。〔註 17〕但這些數據主要來源於當時官方主持的全國性的地理總志，而且是見存不多的關於揚州特定時期的戶口數據。更可注意者，這三組數據恰好能夠大體反映出北宋早、中、晚三個不同時期的狀況，藉此可勾勒出北宋時期揚州人口變動的整體趨勢，所以仍然值得認眞參考。基於這樣的判斷，這裡就有必要對以往關於宋代揚州的認識上的一些偏差予以糾正。前人強調宋代揚州較唐時爲衰落，與此同時也認爲宋代眞州的經濟社會有突出發展。通過這兩個方面的強調，往往給人以兩個錯誤的印象：一是好像一入宋代，建安軍（眞州）便取代了揚州經濟地位；二是宋代揚州處於衰落的狀態，經濟社會似乎不曾有發展的跡象。通過對崇寧以前揚州及淮東人口總數的大體考察，可知北宋揚州的戶數總數較唐鼎盛是爲少誠然是事實，但北宋時期揚州的總戶數卻呈不斷增加地趨勢，即便在統縣數目減少的情況下亦是如此；而且在北宋大部分時間裏，眞州的總戶數及縣均戶數顯然不及揚州，特別是在崇寧間揚州人戶數達到高峰的時候，眞州的總戶數卻大幅地減少，更與揚州總戶數拉大了差距。作爲衡量經濟社會發展水平的一項重要標準，戶口總數上的這種變動與差異提醒我們：眞州的經濟社會在北宋時期固然有突出的進展，這種發展卻有一個漸進的過程，並非一入宋代便進入了一個高峰狀態。如第二章所考論，眞州得

〔註17〕　關於這一點，今人的研究比較多，比較系統而全面的總結，參吳松弟：《中國人口史》（第三卷，遼宋金元時期）第三、四章相關部分，第 71～122 頁。

以為統縣政區，也只是從眞宗大中祥符年間開始的。眞州港口地位的提升分割了揚州的部分轉運功能，但其經濟發展水平以及經濟地位是否因此超越或取代揚州，則需要謹愼地評估。因為在北宋時期相對安穩的環境裏，揚州經濟社會顯然是呈恢復與發展的趨勢。這一點在其他章節還會涉及，並非體現在人口這一點而已。總而言之，宏觀的論斷雖然有助於從整體上把握動態局勢，但並不一定與客觀實際完全吻合。過分誇大眞州的發展，並不利於認識宋代揚州、眞州乃至整個淮東區域的經濟狀況。

二、南宋時期的消減與恢復：嘉靖《惟揚志》所載戶口數據分析

就見存文獻來看，揚州總戶數在北宋崇寧元年達到了一個頂峰，北宋末期及整個南宋時期都不及此。天一閣藏明代嘉靖《惟揚志》記徽宗大觀時（1107～1110），揚州領縣 2（江都、天長），戶 31202，丁口 62971。〔註18〕這與上面《宋史·地理志》所記崇寧元年的戶口數據有明顯的差距。據此，則不到十年的時間裏，在統縣相同的情況下，揚州區域戶口數目曾急劇下降，戶數減少 25283，人數減少 44618。這與宋代人口高峰值出現在大觀以後、宣和六年以前的總趨勢顯然不合拍。〔註19〕馬端臨曾說：「以史傳考之，則古今戶口之盛，無如崇寧、大觀之間。然觀當時諸人所言，則版籍殊欠覆實，所記似難憑。覽者詳之。」〔註20〕若嘉靖《惟揚志》所記揚州大觀時期的戶口數據無誤，則就揚州崇寧及大觀間的戶口而言，馬端臨的這個提醒就相當值得注意。但是大觀間，一則揚州地區並無戰事爆發，二則江淮一帶亦無連續的天災，即便徽宗朝此間的人口增長速度放慢，也不至於到劇減的程度；又因為嘉靖《惟揚志》所記宋代戶口數據，本有殘缺，故頗疑這個大觀時期的數據只是主戶而已。所可注意者，在嘉靖《惟揚志》中，在這組大觀時期的數據之前，記敘的是南宋嘉定時期淮南總戶數；在其之後，記敘的是南宋紹熙時期的揚州戶數。〔註21〕故也可能是將南宋紹熙之前某一時期的數據誤繫於大

〔註18〕 朱懷幹修，盛儀纂：嘉靖《惟揚志》卷八《戶口志》，上海古籍書店 1963 年景印天一閣藏明嘉靖殘本。

〔註19〕 參吳松弟：《中國人口史》（第三卷，遼宋金元時期）第八章，第 352 頁。

〔註20〕 馬端臨撰，上海師大古籍所、華東師大古籍所點校：《文獻通考》卷十一《戶口考二》，第 305 頁。

〔註21〕 明代楊洵、陸君弼等修撰之（萬曆）《揚州府志》卷四《賦役志下·戶口》（《北京圖書館古籍珍本叢刊》（25），書目文獻出版社 2000 年影印萬曆刻本）所記揚州戶口，轉抄自《嘉靖惟揚志》，內容與次序全同。

觀時期。由於見存文獻不見其他佐證，所以這裡暫且只能提出以上兩種可能。
兩相比較，其中後一種可能性更大一些。為便於進一步的討論，先將嘉靖《惟
揚志》所記南宋時期揚州戶口數與之前北宋時期的相關數據總為一表（表 3
－4）如下。

表 3－4：兩宋時期揚州戶口數據總表

| | 時間 | 統縣 | 戶數 | | | 丁口 | 縣均戶數 | 戶均人口 | 在城戶 | 在城丁口 |
			主戶	客戶	總戶					
北宋	太平興國（976～983）	3	14914	14741	29655	—	9885	—	—	—
	元豐元年（1078）	3	29077	24855	53932	—	17977	—	—	—
	崇寧元年（1102）	2	—	—	56485	107579	28242	1.9	—	—
	大觀（1107～1110）	2	—	—	31202	62971	15601	2.0	—	—
南宋	紹熙（1190～1193）	2	—	—	35951	140440	17975	3.9	4226	19138
	嘉泰（1201～1204）	2	—	—	36160	201849	18080	5.9	3637	20117
	寶祐（1253～1258）	2	—	—	43892	135072	21946	3.1	7975	35967

見存南宋時期的兩部地理總志《輿地紀勝》與《方輿勝覽》，並未著錄相
關戶口數據。相較之下，南宋地方志書保存的戶口資料更為豐富。但南宋時
期所修的紹熙《廣陵志》、嘉泰《廣陵續志》、寶祐《惟揚志》等三部揚州地
方志，今已只剩殘存。在這樣的背景下，嘉靖《惟揚志》中保存的三組南宋
中後期揚州戶口數據，便非常可貴。且該書所記的數據類型與上面《太平寰
宇記》等志書中所記北宋時期的數據類型有別，其中對揚州在城戶口有特別
的注明，更為分析南宋揚州城市人口提供了線索。茲據此表，將相關問題闡
述如下：

一、表中並無南宋高宗、孝宗兩朝的戶口數據。紹熙、嘉泰、寶祐間的三組數據，可代表南宋中後期揚州的人口狀況，也是南宋時期揚州經濟社會得到一定程度恢復之後的人口狀況。所以從整體上講，南宋時期的揚州人口不及北宋時期。這裡面有戰爭的破壞作用，更是受到揚州軍政地理形勢轉移的影響。隨著靖康之變，宋室南渡，揚州地區的人口大量外遷。紹興三十一年（1161），王之道曾有「自經兵火，江北之民，十不存一」〔註22〕之語，正是對兩宋之際戰亂背景下戶口變動的說明。類似的說法還有不少，在下一小節關於人口流動的討論中還會涉及。這裡要強調的是，隨著宋室南渡，揚州土著人口大量外遷；即便隨後政局趨穩，有再度遷入者，但由於揚州已轉為邊境之地，補入的人戶或出於宋廷的政策引導，或自發的入駐，在總數上卻有限。所以與北宋崇寧元年揚州戶口數據最高值相比較，在統縣數目未變的情況下，南宋中後期的揚州戶口仍顯遜色。

二、人口的多寡是經濟社會發展狀況的一種反映。紹熙、嘉泰、寶祐間的三組數據，呈漸長的趨勢，可知宋室在臨安紮穩腳跟以後，在相對安穩的環境裏，揚州的經濟社會仍得到一定程度的恢復。南宋高、孝兩朝的揚州人口狀況雖不得而知，但以常理推之，在紹興和議以後，揚州便有逐步恢復的機會。針對江淮一帶的經濟社會，前面提到的王之道，還有「紹興以來，生養蓄息」之語，這正是對江淮經濟社會戰後恢復的描述。〔註23〕馬端臨說「南渡後（戶口）莫盛於寧宗嘉定之時」，此所謂「嘉定之時」，當是嘉定末年。〔註24〕這是從整體上描述之語，或不能與每一個政區的實況相對應。但據此說，便提供了另一種可能，即在表3－4中的嘉泰與寶祐間，可能還有一個峰值。無論如何，就目前這三組數據來看，寶祐時期的戶數顯然是見存南宋揚州戶數的最高紀錄。雖然這個數值不如北宋元豐、崇寧時期，但仍高於北宋初期的水平，縣均戶數甚至高於北宋元豐時期。除此之外另需注意的是，表 3－4嘉泰時期的戶均人口竟然接近6，所以總丁口也隨之增加。這個數據明顯比通

〔註22〕 王之道：《論江北義社》，見黃淮、楊士奇編：《歷代名臣奏議》卷二百二十二《兵制》，第2925頁。

〔註23〕 吳松弟先生說淮南人口在孝宗、光宗和寧宗前期，有較大幅度的提高。這是從移民的角度做出的整體論斷，對於觀察南宋中前期的揚州人口狀況有一定的參考作用。詳參吳松弟：《中國移民史》（第四卷，遼宋金元時期）第七章，第215頁。

〔註24〕 參馬端臨：《文獻通考》卷十一《戶口考二》，引文見第307頁。

常認識中的宋代戶均人口（兩三人）要高，但卻更接近眞實的情況，應該屬於賑濟及流民系統的戶口統計數據。〔註25〕若如此，則表中紹熙、嘉泰、寶祐時期戶口數據的統計標準或有不同，其中嘉泰時期的數據係針對賑濟戶口者，另外兩者則是官方例行的丁帳或稅帳之統計。〔註26〕這就涉及嘉靖《惟揚志》的史源問題，文獻不足徵，這裡無法提供進一步的考證。〔註27〕

　　三、嘉靖《惟揚志》中關於在城戶數的記載，爲我們認識南宋時期揚州的城市人口提供了一些線索。中外學人對宋代城市的人口狀況多有研究，由於相關史料的限制，現有研究多集中於都城開封和臨安（行在所），地方城市則以南宋時期江浙一帶的城市爲主，其中對兩宋時期揚州的城市人口卻關注不夠。但這些研究成果對於認識宋代揚州城市人口卻可以起到一定的參照作用。梁庚堯先生曾以在城戶數之多寡爲標準，將南宋城市分爲三個等級，分別是「五萬戶以上的大城市」、「五千戶至五萬戶之間的次等城市」、「一千戶至五千戶之間的一般城市」。〔註28〕包偉民先生新近的研

〔註25〕　前面提到的《太平寰宇記》、《元豐九域志》、《宋史·地理志》中的「口」，一般指的是全體男性。嘉泰間戶均「丁口」達到 6，這個數字應該是「包括女性在內的全體成員」。參吳松弟：《中國人口史》（第三卷，遼宋金元時期）第三章，第 85～88 頁。梁庚堯先生對南宋時期的戶人口有比較合理的評估，認爲 6 口是「比較可信的每戶平均口數」。詳細情況，可參看其《南宋的農村經濟》一書第一章三節，新星出版社，2006 年，第 33～58 頁。

〔註26〕　關於宋代戶口數據的來源問題，並參吳松弟：《中國人口史》（第三卷，遼宋金元時期）第三章，第 24～70 頁。戴建國：《宋代籍帳制度探析——以戶口統計爲中心》，《歷史研究》，2007 年第 3 期，第 33～52 頁。其中戴建國先生在前人的基礎上，對宋代五等丁產簿、丁帳與丁籍、稅祖簿帳有詳盡的考辨，多有創獲，深化了對於宋代戶口統計的認識。

〔註27〕　崔桐在《嘉靖惟揚志敍》中有「迺諸二十一史，踵諸寶祐遺志，參諸先儒緒論，摭諸鄉達私錄」之語。這是對嘉靖《惟揚志》史料來源的描述。所以該書宋代戶口數據可能直接取材於宋代地理志書，如其中關於太平興國及元豐時期的戶口數據，便是出自《太平寰宇記》及《元豐九域志》。這裡要注意的是其對宋人所修揚州方志的參考。宋人所修揚州方志有紹熙《廣陵志》、嘉泰《廣陵續志》、寶祐《惟揚志》三種，諸書在明人修嘉靖《惟揚志》時已無完書，所以崔桐在《敍》中劈頭就說「惟揚故有志矣，時淹跡改，非完書也。」但明人所見殘本較之今天從《永樂大典》中所輯者當更爲豐富，其中「寶祐遺志」即寶祐《惟揚志》在當時的殘本；但這只是概括性的說法，嘉靖《惟揚志》對紹熙《廣陵志》、嘉泰《廣陵續志》之內容間或當有採用。至於宋代揚州方志中的戶口數據來源，相當程度上應該是全國性地理總志。關於這一點，吳松弟在《中國人口史》（第三卷，遼宋金元時期）中有考論，此不另贅。

〔註28〕　梁庚堯：《南宋城市的發展》，收入《宋代社會經濟史論集》（上），（臺北）允晨文化實業有限公司 1997 年版，第 481～590 頁。

究則將考察視角從「實證歸納」轉向爲探討「文人士大夫意念中的城市規模」，突出「城市的行政等級」對城市人口的影響，將宋代城市分爲「京城」、「區域性中心城市」、「州縣城市」三個類型，認爲宋人分別以「百萬家」、「十萬家」、「萬戶」概括三類城市的總戶數。〔註 29〕行政等級對城市人口規模固有影響，但以「百萬家」、「十萬家」、「萬戶」來概括則過於機械，實際上若某一區域的城市人口整體偏低，則某城市人口雖未達到十萬戶，仍有可能成爲所謂區域性中心城市。所以相較之下，梁庚堯的概括更爲切實一些。雖然這種純粹以人口多寡爲標準的分法仍嫌籠統，但確實是認識宋代城市的一個重要指標。依此標準，南宋揚州在宋理宗寶祐前後才從「一般城市」進入「次等城市」的行列。這在一定程度上反映出南宋揚州城的衰落。但若遵從馬端臨南宋嘉定戶口數目最高的說法，則寧宗時期揚州在城戶口在當還要更高一些；較之嘉定時期眞州在城戶數（1094 戶），也有明顯的優勢。〔註 30〕這在眞、揚兩州的州城規模上也有一定程度的反映。〔註 31〕從這裡也可見南宋時期揚州在經濟社會方面相對於眞州的優勢。所可注意者，梁庚堯先生曾據上面數據，推測南宋揚州城鄉人口的分佈比率，將在城戶以外的戶口全部歸爲鄉村戶。〔註 32〕這一做法似乎不夠妥當。這裡的「在城戶」是揚州州城戶，但與此同時揚州轄縣還有縣城之存在，所以「在城戶」之外的戶口應當包括鄉村戶口以及縣城戶口。從這個意義上講，根據嘉靖《惟揚志》的戶口數據，我們只能考察揚州州城人口比率而已，尚不能據以推測當時揚州的城鄉人口比率。

〔註 29〕 包偉民：《宋代城市研究》第六章「人口意象」，第 204～323 頁。按，在「州縣城市」一節，作者認爲揚州有「蜀岡縣」（第 320 頁），此係誤解。蜀岡非縣，乃山川地名也。

〔註 30〕 但揚州在城戶口卻不及對岸的鎮江。分見申嘉瑞：隆慶《儀眞縣志》卷六《戶口考》，上海古籍書店 1963 年景印天一閣藏明隆慶刻本。脫因、俞希魯：《至順鎮江志》卷三《戶口》（中華書局 1990 年《宋元方志叢刊》〈第 3 冊〉影印道光二十二年丹徒包氏刻本）。按，梁庚堯先生在統計南宋城市戶口數據時，將嘉定時眞州在城記爲 5855 戶，鎮江在城戶記作 15900，兩處記載均有疏忽。參《南宋城市的發展》，《宋代社會經濟史論集》（上），第 511 頁。

〔註 31〕 眞州城區規模爲「一千一百六十丈」，爲宋乾德二年（964）眞州（當時稱建安軍）始築城時的規模，此後眞州城池建設大體均是在舊有規模上進行，州城規模並未擴充。（《隆慶儀眞縣志》卷三《建置考》）揚州州城規模爲「周圍一十七里零一百七十二步，計三千一百四十六丈」（徐松輯，劉琳等點校：《宋會要輯稿》兵二九之二一，第 9248 頁。）詳參論文第一章相關考論。

〔註 32〕 梁庚堯：《南宋的農村經濟》第一章《南宋農村的戶口狀況》，第 5 頁。

三、小結

以上主要據相關地理總志文獻，對宋代揚州的人口狀況作了大致的勾勒。整體來說，宋代揚州的人口總數不及唐時鼎盛時期，這是宋代揚州相對衰落的一個重要指標。但就兩宋時期揚州人口的動態變化過程來看，有以下幾點值得注意：一、關於宋初揚州人口的劇減，以往多關注戰爭因素的直接影響，認爲是民戶大量外遷的結果（這在下一節會有專門考述），實際上政區變動過程中統縣數目的減少也在相當程度上分割了揚州人口總數。二、宋代揚州的相對衰落，並不意味著其發展的停滯甚至於倒退。當戰事結束，環境趨於相對和平安穩的時候，揚州的戶口總數仍然呈上升的態勢。通過上文的梳理可以看到，不但北宋時期揚州的戶口總數一直呈上漲的趨勢，即便南宋時期，也還是如此，只不過其平均增長率要小於北宋時期而已。所以當把南宋、北宋兩個時段分開來看時，揚州的人口變動在南宋與北宋兩個時期有近似的動態軌跡（參圖3－1）。這是戰後揚州經濟社會得到一定程度恢復的重要標誌。三、南宋與北宋兩個時段，揚州人口的發展趨勢有相似性，但南宋時期揚州的人口，在整體上低於北宋時期的水平，這是南宋時期揚州經濟發展更趨低落的一個具體表現，而且與南宋「背海立國」背景下揚州由內地轉爲邊郡有直接的關聯。

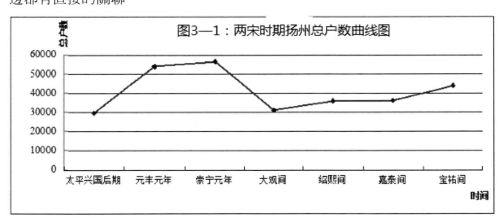

图3—1：两宋时期扬州总户数曲线图

第二節　宋代揚州的人口流動

對揚州戶口總數的分析，有助於把握宋代揚州人口變動的整體態勢，這對於認識揚州經濟社會的發展有重要的參考作用。若轉換一個角度，在整體

趨勢之下，還有人口流動值得注意。這是揚州經濟社會的一個重要方面，而且對人口流動中人員類別的梳理，對於認識兩宋時期揚州的城市屬性以及經濟社會變遷也有重要的參考意義。職是之故，這一小節接著對宋代揚州的人口流動作一考察。在正式分析之前，有兩點需要預先說明。一、關於宋代人口流動，在以往移民史的著作中，已經有比較多的討論，〔註33〕但往往是宏觀上的論述，或以較大的區域為論述對象，相對缺少針對揚州這一特定區域的考證。所以本節希望在前人基礎上，盡可能找出針對揚州的具體實例，細化對相關問題的認識；二、針對揚州人口流動的考察，首先得對人口類別有一個大致的分類。士、農、工、商這類四分法，在宋代比較普遍；除此之外，還有具有宗教身份或職業技能的特別人士。但這樣的分法過於繁雜，結合文獻所載揚州的具體實際，且為便於行文，接下來的討論採取民、兵二分的標準。這種標準一方面是基於文獻記載的特點，另一方面也與北宋與南宋兩個時期揚州軍政地理壞境的變動相貼近。

一、民衆的遷進與徙出

大規模的民之流動，往往出現在戰亂之時。揚州是運河沿線的重要城市，在晚唐五代時期動亂之下，揚州地區人口流動頻繁，一方面北方民眾視此為重要的遷入地，另一方面當地土著為躲避戰亂，往往外遷他處。除自發的移民活動外，官方的引導也對揚州地區的人口流動有重要的影響。楊吳及李唐治理下的揚州，招撫流民即受到當局的重視，這為五代時期揚州經濟社會的恢復提供了基礎的條件。〔註34〕北宋時期，揚州的社會環境整體上安穩，靖康之亂以前，遷入、遷出揚州者不及動亂時多，但仍有一些值得注意。茲就翻檢所及，分條述之。

先說具體個人的遷徙流動。後周末期至宋初，南北皆有遷入揚州者。據

〔註33〕 代表性的著作，當屬吳松弟先生的《中國移民史》第三、第四兩卷，以及《北方移民與南宋社會變遷》（〈臺北〉文津出版社，1993年）一書。

〔註34〕 司馬光記「淮南被兵六年，士民轉徙幾盡；（楊）行密初至，賜與將吏，帛不過數尺，錢不過數百；而能以勤儉足用，非公宴，未嘗舉樂。招撫流散，輕徭薄斂，未及數年，公私富庶，幾復承平之舊。」（《資治通鑑》卷二百五十九，昭宗景福元年八月條，第 8554～8555 頁）。從中可見移民的作用。關於晚唐五代揚州移民，更為詳細的考述，參看吳松弟：《中國移民史》（第三卷，隋唐五代時期）第九章，福建人民出版社，1997年，第 284～290 頁。

曾鞏記，朱延之，先彭城人，五代宋初遷於揚州之天長縣。〔註35〕據夏竦所記，朱昂在五代末期，自南嶽北遷江淮。至揚州，得韓令坤賞識，以爲永貞縣（後改名揚子縣）令。〔註36〕天長縣在北宋一直爲揚州屬縣，所以前者可視爲揚州土著；後者在入宋以後，因轉官而遷出揚州。北宋末期，方臘亂江南，錢塘著名詞人周邦彥（字美成）「見兩浙處處奔避，遂絕江居揚州。未及息肩，而傳聞方賊已盡據二浙，將渡江之淮泗。」〔註37〕周邦彥未長居揚州，但揚州顯然是重要的遷入選地。實際上與周類似的人並不在少數，若著眼於群體，這種人口流動將被更好的理解。

在流入揚州的人口中，有部分係犯法者。大中祥符二年（1009）四月，針對江南、廣南東、西路流配人等，宋廷詔「江南路宜差內殿崇班段守倫就出昇州、洪州，廣南東、西路差殿直、閤門祗候彭麟就桂州，與本路轉運使同勾抽諸州雜犯配軍，揀選移配淮南州軍牢城及本城。」〔註38〕大禧三年（1019）八月九日詔：「自今京城內犯盜賊人合刺配忠靖者，並配外州軍牢城。其人力偷盜並京城外竊盜贓數合刺配武肅、武和者，分配京東西、淮南州軍。」〔註39〕仁宗天聖五年（1027）十一月二十三日，福州路轉運司言：「轄下官員赴任得替乘船者，兵稍多買私鹽夾帶興販。自今犯者二百斤已上，依法決訖，押送揚、眞、楚、泗州本城配糧綱牽駕。」其言獲准。〔註40〕犯法者的遷入，部分是被收押管制，部分則充替勞役。又，徽宗朝，石公弼知揚州（在政和元年至二年，1111～1112），當時揚州「群不逞爲俠於閭里，自號『亡命社』。公弼取其魁桀痛治，社遂破散。江賊巢穴菰蘆中，白晝出剽，吏畏不敢問。公弼嚴賞罰督捕，盡除之。」〔註41〕這裡的「亡命社」及「江賊」中，當也

〔註35〕　曾鞏撰，陳杏珍、晁繼周點校：《曾鞏集》卷四十六《天長朱君墓誌銘》，中華書局，1984年，第631～632頁。

〔註36〕　夏竦：《文莊集》卷二十八《故金紫光祿大夫行尚書工部侍郎致仕上國柱彭城郡開國侯食邑一千三百戶食封四百戶增刑部侍郎朱公行狀》，收入《全宋文》卷三百五十五，第17冊，第218～222頁。

〔註37〕　王明清撰，戴建國、趙龍整理：《玉照新志》卷二，見上海師範大學古籍整理研究所編：《全宋筆記》第六編第二冊，大象出版社，2013年，第145頁。

〔註38〕　脫脫等：《宋史》卷一百九十四《兵志八》，第4826頁。大中祥符八年亦有類似的詔令，見《宋大詔令集》卷二百一十五所收《遣使諸路揀配軍移放詔》，第820頁。

〔註39〕　徐松輯，劉琳等點校：《宋會要輯稿》刑法四之九，第14冊，第8450頁。

〔註40〕　徐松輯，劉琳等點校：《宋會要輯稿》食貨二三之三四～三五，第11冊，第6506頁。

〔註41〕　脫脫等：《宋史》卷三百四十八《石公弼傳》，第11032頁。

有不少係流動於江淮一帶之人，是揚州社會流動人口之一面相。至南宋初期，揚州還接納了大量被招安的盜賊。建炎元年（1127）七月庚寅條記「宣和末，群盜蜂起，其後勤王之兵往往潰而爲盜。至是，祝靖、薛廣、黨忠、閻瑾、王存之徒，皆招安赴行在，凡十餘萬人。」〔註 42〕從「凡十餘萬人」的記載來看，足見數量不小。與此類似，嘉熙三年（1239）秋，「流民渡江而來歸者十餘萬」，「襄、漢、揚、楚之間，豪傑皆自相結以保其族，無賴者往往去爲群盜。」〔註 43〕這裡大量民眾遷入淮東，與揚、楚間民眾流爲群盜，實際上是相互關聯而同時並行的。

進入南宋以後，揚州成爲邊境之地，南北政權之間一旦有軍事行動，揚州便出現有人口流動的跡象。就遷入人口而言，隨著兩宋之際的宋金交惡，開封淪陷，揚州湧入大量移民，人員成分複雜。其中有宗室成員。高宗建炎元年八月一日，知南外宗正事趙士儦言：「近往淮甸措置就糧去處，今來唯有揚州寬廣，粗可安集。緣本州路當衝要，又所管止有三縣，素號闕乏，竊恐緩急難以應辦。契勘揚州與潤州對岸相去止隔一水，若於潤州置司安存宗室，不獨淮甸財用咫尺，兼亦良便。」詔南外宗室往鎮江府，西外宗室往揚州。〔註 44〕其中揚州西外宗室稍後又於建炎二年正月甲午，移往泰州、高郵軍。〔註 45〕

有大批「西北人」曾遷往揚州。建炎三年（1129），金兵佔領揚州，曾驅逐揚州城內人口，以備屯駐。通過金人的言行舉措，可知動亂之際，揚州有大量西北人士遷徙入駐。金人先是於二月甲寅（五日）「揭榜揚州市」，謂「西北人願還者，聽之。西北人去者萬餘人。」這「萬餘人」當是在宋金戰亂之際遷徙而來。雖有萬餘人自願出走，但並未滿足金人的需求，稍後二十日，金人「遣擐甲執旗者一人入城，呼曰：仰百姓限三日出西城，過三日不出，皆殺。並數揚州人之罪，謂不合不留上也。是日無出城者。丁卯。金人遣擐甲者四五十人，大呼如昨日。人皆疑之，亦未有出城者。戊辰，又入城呼，且曰：今日限足，如不出城者，盡殺。是日西北人往往自西門出，出則入一木柵，皆留在木柵中。至晚，西北人出城約數千人，唯揚州土人皆不出。是夜縱火。徹旦，出城人盡死。己巳，金人入城，見教場中存留得二三千人，皆滿體煙焰，亦趕入木柵中。又一日凌晨，開木柵三路放人出，而金人亦退

〔註 42〕 李心傳：《建炎以來繫年要錄》卷七，建炎元年七月庚寅條，第 173 頁。

〔註 43〕 脫脫等：《宋史》卷四百一十四《董槐傳》，第 12429 頁。

〔註 44〕 徐松輯，劉琳等點校：《宋會要輯稿》職官二〇之三七，第 6 冊，第 3584 頁。

〔註 45〕 李心傳：《建炎以來繫年要錄》卷十二，建炎二年正月甲午條，第 267 頁。

軍。」〔註46〕此案例有兩點值得注意：一是從「盡出西城」的言說來看，遷入揚州的西北人似乎主要集中在揚州州城西部；二是在金兵的驅逐之下，部分揚州本地人並無遷徙的意願，最終在金人焚城的舉措中丟失了性命。這對於揚州的經濟社會是直接的衝擊。紹興間宋室於臨安穩定以後，曾千方百計地招募民眾經營揚州田地，這是一個重要的現實背景。

甚至有金人遷入揚州。兩宋之際的宋金交戰，金人曾一度佔領揚州，在這個過程中，部分金人也曾遷入揚州。建炎三年（1129）二月二十九日，江淮兩浙路制置使呂頤浩言：「今月二十三日，閤門祗候陳彥差人渡江，先次前去揚州，於五更以來襲殺金賊後軍，及奪老小一千餘人，已收復揚州訖。」〔註47〕這「老小一千餘人」似為金兵之家眷隨從，而非金兵，因為理論上金不應派遣「老小」軍兵與宋兵交戰。所以揚州流動人口中的金人亦不可忽視。建炎四年（1130）七月，揚州守臣張繽言，「捕盜官馬佺等巡綽到蕃人千人長李委波，百人長張馬佐。千人長手下軍李永壽、高菩薩、李得壽、張波乃田興兒投順，差使臣管押前去，所有乘騎到鞍馬六疋及隨身弓箭等，送揚州甲仗庫寄納。」宋廷雖詔「投降蕃人李委波等」「押赴行在」〔註48〕，但這只是蕃人中的部分而已，仍有蕃人留在揚州等淮東地區者，下文考述揚州田地經營時會提到的蕭琦等人便是其例。

與金人相關，還有北境漢民。嘉定七年（1214），真德秀言「聞淮北之民扶攜老稚、結筏欲渡者日以百數，雖邊臣謹守疆場，拒卻使還，然蝟集而南者，其勢未已。蓋其仍歲薦饑，重以師旅，遺黎何辜，死者什七，苟非越境，亡以偷生，故其謀遂出諸此。」〔註49〕北境民眾因戰亂、饑荒而南遷者日以百數，揚州處於南北交通乾道之上且非最邊境，其路徑乃至遷徙至此者，當所在多有。

〔註46〕　徐夢莘：《三朝北盟會編》一百二十三炎興下帙二十三，第 897 頁。同書卷一百二十一及李心傳《建炎以來繫年要錄》卷二十亦有相關記載，可並參。相交而言，此處記載更為精簡而全面。另，《三朝北盟會編》與《建炎以來繫年要錄》所記事件詳略不一，在事件時間上也不盡相同，最多有相隔四五天者。因其與此處的主要論旨關係不大，且都發生在建炎三年金人佔領揚州之後，故此對時間上的歧異不予深究。

〔註47〕　徐松輯，劉琳等點校：《宋會要輯稿》兵一四之二二，第 15 冊，第 8891 頁。

〔註48〕　徐松輯，劉琳等點校：《宋會要輯稿》兵一七之一七，第 15 冊，第 8962 頁。

〔註49〕　真德秀：《西山先生真文忠公文集》卷三《使還上殿箚子》，《全宋文》卷七一四五，第 312 冊，第 199 頁。

　　有周邊政區的民眾。開禧二年（1206）六月，江淮宣撫使邱崈言泗州「居民盡已搬移，聚於揚州，今獨空城而已。」〔註50〕此處單言聚於揚州而不及其他政區，則當時泗州居民遷入揚州的數目應是相當高的。

　　以上所舉，大體是在戰爭影響下的民眾遷徙之舉，而且主要是由北往南的流動。這是兩宋時期揚州人口流動中民之遷徙的主要原因及表現形式，但戰爭並非影響民眾遷徙的唯一原因，揚州地區民眾遷徙也並非全是由北往南。以下兩點同樣值得注意：一、戰爭因素之外，自然災害也是影響人口流動的一個重要因素，這在揚州區域也有一定程度的體現。史載嘉定二年（1209）春，「兩淮、荊、襄、建康府大饑，米斗錢數千，人食草木。淮民剝道殣食盡，發瘞齕繼之，人相搚噬；流於揚州者數千家，度江者聚建康，殍死日八九十人。」〔註51〕二、南宋揚州的流動人口不止於北方民眾，還有南民北遷的現象。這其中包括官方政策引導下的人口流動以及因自然災害而引發的人口流動。紹興二十年（1150）四月，左朝奉大夫、新差知廬州吳逵言建議「江、浙、福建委監司守臣勸誘土豪大姓赴淮南，從便開墾田地。」此言獲准。〔註52〕據此可知，當南北關係緩和，在相對和平的環境下，為保證農業生產以提供必要的經濟補助，宋廷在人口流動方面還有一些引導性政策。乾道間，薛季宣在安輯流民後的《奉使淮西回上殿箚子》中記：「江南轉徙人戶來淮旬者，東極溫、臺，南盡福建，西達贛、吉，往往有之。」〔註53〕此雖未直接點名揚州，但其所記「轉徙人戶」的來源地如此之廣，則揚州部分接納此遷徙之人當在所難免。薛季宣的言說並未交待南民北遷的原因。陳造對此有所說明。他曾言：「浙江民夥，土不能容。尋常小遇水旱，則累累而北者，晝夜不絕。此非兩淮無所受也。」〔註54〕據此，水旱等自然災害，是人口流動的直接刺激因素，而江浙一帶有限的土地承受能力則是最基礎的原因。紹興三十二年（1162），提舉江東路茶鹽公事洪适有「江鄉之名，以旱荒而遷徙淮南」〔註55〕之語，所言也是強調自然災害的影響。所可

〔註50〕　徐松輯，劉琳等點校：《宋會要輯稿》兵九之二四，第14冊，第8790頁。
〔註51〕　脫脫等：《宋史》卷七十六《律曆志九》，第1466～1467頁。
〔註52〕　徐松輯，劉琳等點校：《宋會要輯稿》食貨六之一四，第10冊，第6093頁。
〔註53〕　薛季宣：《浪語集》卷十六《奉使淮西回上殿箚子》，見《全宋文》卷五七七七，第109頁。
〔註54〕　陳造：《江湖長翁集》卷二十四《與奉使袁大著論救荒書》，見《全宋文》卷五七五二，第131～132頁。
〔註55〕　李心傳：《建炎以來繫年要錄》卷一百九十六，紹興三十二年正月丙子條，第3306頁。

注意者，結合遷徙原因，將遷入與遷出地作一對比，可見南宋淮甸地區田地的經營程度當有限，所以才能夠容納遷徙之民。薛季宣所謂「非兩淮無所受」，必須是以可耕田地爲基礎條件的。〔註56〕關於南宋時期的田地經營，下一章會有專門討論，此處暫不詳及。

在人爲與自然因素的影響下，揚州地區的遷入者有部分自江、浙、福建等江南地區而來。但此時揚州畢竟是邊境之地，一般民眾往往無意遷往其地，或者一旦官方的施政行爲不夠妥善，便會引發民眾的外徙；這在當時關於戶口統計以及措置歸業的言說上也有一定程度的反映。紹興四年（1134）四月，戶部言：「依條：每年取會諸路轉運司供攢戶口升降管額文帳。今據淮南轉運司申，緣本路州縣才方招誘，漸有歸業人戶，未敢便行抄箚戶口，切慮驚擾，復有逃移。本部相度，欲自紹興五年爲頭。」〔註57〕這是戰後關於淮南戶口統計的言說，其隱含信息中則包含著淮南地區在戰前存在人口「逃移」的現象。宋廷爲招納流民，在政策的推行上放慢了節奏，但實際上起到的效果似乎是有限的。紹興十八年（1148）四月，臣僚言流民歸業「就緒」者，淮甸地區只有東南沿海的通州、泰州等地〔註58〕；揚州在措置流民方面成果不甚理想，正是流民不願遷往該地的一種表現。

除遷入以外，人口遷出也是揚州的人口流動的一個重要方面，往往與人口遷入同時先後；特別是戰亂之際，更是如此。太宗淳化元年（990）的詔令中有「江、浙等路李煜、錢俶日，民多流亡、棄其地，遂爲曠土」〔註59〕之言，可見五代宋初受戰亂的影響，揚州人口即已大量外遷。這些外遷者，有向西方向者。如嘉祐五年（1060）七月，權三司使包拯曾言淮南、河北之民遷往京西者萬餘戶。〔註60〕但更多的是向南遷徙，這在兩宋之際及南宋時期表現最爲突出。

南宋初年，宋金交戰，促使揚州之民的遷出，而且大量民眾死於戰爭。《維揚巡幸記》云建炎三年（1129）二月一日，揚州人聞金人犯境，「居民挈妻孥而走者十室而八，爭門以出、相蹂踐而死者不可勝計。金銀價驟長至數倍，

〔註56〕文天祥在《至揚州》一詩的詩序中記一賣柴人有「儂家可」之語。「儂」字係吳語，非今所謂江淮官話用語。可見南宋末期，揚州還有江南人士活動。
〔註57〕徐松輯，劉琳等點校：《宋會要輯稿》食貨一一之一六，第11冊，第6219頁。
〔註58〕徐松輯，劉琳等點校：《宋會要輯稿》食貨一一之一八，第11冊，第6220頁。
〔註59〕徐松輯，劉琳等點校：《宋會要輯稿》食貨一之一六，第10冊，第5946頁。
〔註60〕徐松輯，劉琳等點校：《宋會要輯稿》食貨七之一七，第10冊，第6123頁。

在職百官皆欲奔竄。尚未知得實，故且觀望事勢。」〔註61〕這反映的是揚州人聞風而動的情狀，民眾為遷出翌日，高宗便有渡江之舉。而同時先後，「宗廟神御，國家府庫儲積及勢貴之家，裝船欲渡江。至瓜洲閘，潮水未應，而金人已至。出閘得渡者百無一二，其餘皆遭虜掠，不盡者悉縱火焚。」在這個過程中，「官軍吏民，死者數十萬」。所可注意者，在金兵入境之後，也有部分民眾仍舊留住揚州。史載「揚州百姓謂上渡江，萬人爭門而去。見金人遊騎到，乃喧呼言：我揚州有主矣。遂家家備香花投拜。」〔註62〕無論遷徙與否，揚州居民的情狀是建炎間宋廷在與金交戰中失勢的一個表徵，揚州城市社會也因此受到重創，《宋史全文》卷十七上《高宗三》記「金人焚揚州，士民皆死，存者才數千人而已。」戰爭背景下揚州人口之流失，於此可見一斑。宋廷為此曾及時下詔撫慰民心。徐夢莘《三朝北盟會編》中保存的一份《撫慰維揚遷徙人詔》，即是高宗在渡江五日後發出的。

紹興間的宋金戰爭，對揚州地區的人口外遷也有重要的影響。紹興十一年（1141），金兵南下侵宋，史載「自虜人渡淮，淮南之人皆避過江南，江南之人亦為遷徙之計」〔註63〕，這是從整體上描述戰爭背景下江淮一帶的人口流動。就揚州而言，紹興三十一年（1161）十月二十三日，金兵犯揚州，屯兵平山堂下，「揚州居民皆傾城而奔」，淮東安撫劉澤以揚州城不可守，棄城而走。當時宋廷甚至「不知揚州移治去處」〔註64〕。隆興元年（1163）二月十三日，御史中丞辛次膺言：「去年淮南州縣例皆清野，以防虜人之侵軼，民多離徙，寄泊異鄉，失其常產，類無生意。」〔註65〕這些流民主要是往南遷徙。同年四月，都督江淮諸軍張浚言御前諸軍都統制邵宏淵因「於真州六合縣迎

〔註61〕 徐夢莘：《三朝北盟會編》卷一百二十一「炎興下帙二十一」引《維揚巡幸記》，第883頁。又，《三朝北盟會編》卷一百二十「炎興下帙二十」又記建炎三年二月二日，「揚州士民漸有出奔者，百司不能禁止。是夜城中火起，凡四處」（第880頁）。而李心傳《建炎以來繫年要錄》卷二十建炎三年二月庚戌條記：「揚州城內居民爭門以出，踐死者無數」（第389頁），反映的都是金兵入侵時，揚州的社會狀態，故而可以互參。

〔註62〕 徐夢莘：《三朝北盟會編》卷一百二十「炎興下帙二十」，第880頁。關於金兵進入揚州以後，當地居民的遷徙情況，上引《維揚巡幸記》亦有記載，內容與所引之文大同小異，此不俱引。

〔註63〕 李壁撰，張劍光整理：《中興戰功錄》之「張俊柘皋」條，見上海師範大學古籍整理研究所編：《全宋筆記》第六編第九冊，大象出版社2013年，第77頁。

〔註64〕 徐夢莘：《三朝北盟會編》卷兩百三十六「炎興下帙一百三十六」，第1696頁。

〔註65〕 徐松輯，劉琳等點校：《宋會要輯稿》食貨三之八，第10冊，第6013頁。

遏金賊數萬之眾，致揚州闔境百姓並獲濟渡。」〔註66〕從「揚州闔境百姓並獲濟渡」的說法，也可窺見紹興末年揚州居民的南遷數量龐大。這一點通過交通運輸方面的記載也可窺其一斑。隆興二年（1164）十二月，德音：「楚、滁、濠、廬、光州、盱眙軍、光化軍管內，並揚、成、西和州、襄陽、德安府、信陽、高郵軍，緣避兵人馬流移，歸業之際，竊慮津渡艱阻，可令州軍各於津渡去處多添舟船，實時濟渡。仍免官司渡錢，約束不得乞覓阻節。」〔註67〕揚州可為遷入地，可為遷出地，也可能只是江淮一帶流民的途經之地。無論如何揚州等處「多添舟船，實時濟渡」，實際上正是戰後人口流動數目增加、次數頻繁的一個表徵。

揚州等淮東流民南遷後，主要分佈在江東、浙西一帶。隆興二年十二月十日，臣僚言「兩淮之民自虜騎入境，遷移渡江，散處浙西、江東諸郡」〔註68〕，即是針對性的言說。嘉定十七年（1224）三月十四日，臣僚針對湖州地區的稅務，有「自辛巳年間，江淮流民避地，稅務經過，偶有增羨」〔註69〕之語，此處辛巳年即高宗紹興三十一年，據此則揚州等地的民眾向南遷徙似乎是一個持續的過程。嘉定十二年閏三月，金兵侵犯淮南，揚州等地「流民渡江避狄，諸城皆閉。」〔註70〕「渡江避狄」仍是向南遷徙。

以上是對宋代揚州「民之流動」的梳理，其詳於南宋而略於北宋是很明顯的。這主要是基於史料的特點，並非筆者刻意擇取。這在一定程度能夠說明在北宋時期相對和平的環境裏，揚州並沒有大規模的人口流動；南宋時期，揚州作為邊境地帶，民眾的遷徙頻率更高一些。若與第一節關於兩宋時期揚州戶口的論述以及下一小節關於兵之流動的討論比而觀之，對這一點或許有更好的理解。不但北宋與南宋的差異明顯，而且人口流動對南宋揚州戶口的影響也更易凸現出來。特別是兩宋之際的宋金戰爭，破壞作用尤為突出，直接了導致大規模的民戶南遷。當時推測嘉靖《惟揚志》中所記大觀時期的一組戶口數據當繫於南宋時期，這是一個重要的原因。趙構駐蹕揚州，一方面增重了揚州的軍政地位，但也正是如此，揚州成為金兵攻擊的主要目標。金兵佔領揚州後，對揚州破壞甚巨，所以南宋初年，揚州民戶南遷、人口減少

〔註66〕　徐松輯，劉琳等點校：《宋會要輯稿》兵一九之九，第 15 冊，第 9005 頁。
〔註67〕　徐松輯，劉琳等點校：《宋會要輯稿》方域一三之一一，第 16 冊，第 9538 頁。
〔註68〕　徐松輯，劉琳等點校：《宋會要輯稿》兵一三之二四，第 14 冊，第 8863 頁。
〔註69〕　徐松輯，劉琳等點校：《宋會要輯稿》食貨一八之三〇，第 11 冊，第 6388 頁。
〔註70〕　佚名撰，汝企和點校：《續編兩朝綱備要》卷十五，第 287～288 頁。

仍是整體趨勢。金兵撤離之後，鞏固江北的軍事防衛系統遂成為一大事。在這樣的背景下，便有揚州的駐軍問題。

二、官兵之入駐與遣出

此處所謂「兵之入駐」，就北宋時期而言，主要是中央軍之入駐地方者。按宋代兵制，地方有廂軍、鄉兵、土兵等諸種。但其流動性皆不甚明顯，對討論揚州的人口流動而言，並無特別之處，故非此處所論之主要內容。作為宋廷貫徹「內外相制」的手段，北宋時期，中央禁軍有分駐、更戍於地方者。據《宋史·兵志》所記，北宋時期，揚州有分駐的禁軍有：步軍忠節指揮一，太平興國三（978）年置；宣毅指揮二，慶曆中（1041～1048）置；威果指揮三，嘉祐四年（1059）置。〔註71〕按每指揮500人計算，揚州在嘉祐四年以後入駐的中央禁兵共3000人，數量並不龐大，在淮東地區亦非入駐禁兵最多者。嘉靖《惟揚志》卷十《軍政志·兵制》針對北宋時期的揚州禁軍情況，有下列一段文字：

> 揚之禁軍有四，曰效忠軍，有指揮一；威果軍，有指揮三；忠
> 節軍，有指揮一；武鋒軍，有指揮一。以上四軍六指揮，每指揮五
> 百人，共三千人，俱隸禁軍。

內中指揮數與總人數，與上面《宋史》所記無差別，但對於禁軍軍種的記載卻與《宋史》所記有異。按，武鋒軍係南宋屯駐大軍之名，將之歸為北宋時期，顯有疏忽。而效忠軍是景祐中募川峽流民增置，咸平中又增「鄭、亳、衛、許、單、澶、磁、廣記、河陰、寧陵、白皮各一。」〔註72〕據此，則效忠軍，淮南除亳州外，並無指揮。所以《嘉靖惟揚志》中的這段記載，未可盡信。實際上，基於軍政地理的特點，北宋禁兵主要分駐在西北方。據王曾瑜先生的統計，在《宋史》所記禁軍駐兵之1732指揮中，南方僅有195指揮，而且有相當一部分是在仁宗時期王倫之亂（慶曆三年，1043）以後才添置的。〔註73〕所可注意者，王倫亂時，所過淮南諸地，「巡檢、縣尉皆畏避不敢出。

〔註71〕《宋史》卷一八七《兵一》記神宗熙寧以前情況，同書卷一八八《兵二》記有北宋熙寧以後的情況。兩處記錄相同，則北宋時期中央禁兵入駐揚州者，大體未變。

〔註72〕脫脫等：《宋史》卷一百八十七《兵一》，第4600頁。同書卷一八八《兵二》所記熙寧以後的情況，亦未見揚州有效忠軍指揮。

〔註73〕參王曾瑜：《宋朝軍制初探》（增訂本）第二章，中華書局2011年，第43～66頁。按：仁宗時期，淮南路入駐禁兵最多者為亳州，共16指揮。揚州6指揮，

至揚州，出兵與斗山光寺。」〔註74〕此一方面凸顯了當時揚州在淮南地域的特殊性，另一方面也表明揚州駐兵的增設當也有應對變亂的背景。前文提到嘉祐四年（1059）置威果軍，針對此事，《宋史・兵志一》還記：

> 嘉祐四年，乃詔荊南、江寧府、揚廬洪潭福越州募就糧軍，號威果，各營於本州，又益遣禁軍駐泊，長吏兼本路兵馬鈐轄，選武臣爲都監，專主訓練。於是東南稍有備矣。〔註75〕

可見此間在新置禁軍之外，還有「益遣禁軍駐泊」的舉措。不過從「稍有備矣」的說法來看，嘉祐以後，淮南的駐兵仍然有限，與上面今人統計數據顯示的大意是一致的。

所謂更戍，包括「就糧」、「屯駐」、「駐泊」三種，三者之間有比較嚴格的區分。〔註76〕按通常的說法，這種安排主要是爲了防止地方軍兵據兵爲叛。然而「神宗即位，慨然更制，部分諸路將兵，總隸禁旅，使兵知其將，將練其士卒，平居訓厲蒐擇，無復出戍，外有事而後遣焉，謂之將兵。」〔註77〕此雖有更制之舉，但在實際層面並不能完全廢止「出戍」之制。〔註78〕史載熙寧五年（1072）閏七月，「樞密院請以京東武衛兵四十二指揮屬河北路，令總管司勾押差使。從之。仍並以二年一替，於數內以三千人赴揚州、杭州、江寧府權駐泊。」〔註79〕此以「河北兵籍比諸路爲多，其沿邊者悉仰給三司，言事者屢請損其數。」就筆者翻檢所及，見存文獻直接記載北宋揚州禁兵更戍者不多，此爲難得的一條，而且發生在元豐初年「更制」前不久。從三千

與宿州並列第二。從揚州分離出去的高郵以及新置的眞州，入駐禁兵指揮數分別爲2和1。這在一定程度上可以反映揚州在當時淮東地區的軍政地位。
〔註74〕　徐松輯，劉琳等點校：《宋會要輯稿》兵一〇之一四，第14冊，第8801頁。
〔註75〕　脫脫等：《宋史》卷一百八十七《兵一》第4574～4575頁。
〔註76〕　據《文獻通考》卷一百五十二《兵考四》所記，大體是「其分營於外者，曰就糧」，「隸州者，曰屯駐，隸總管，曰駐泊」（第4554～4556頁）。王曾瑜將「就糧」定位「經濟性的移屯」，「屯駐」、「駐泊」則係「軍事性或政治性的移屯」，亦可參考。見《宋朝軍制初探》（增訂本）第二章，第68頁。《宋史》卷一百八十七《兵一》亦有記載，可並參。
〔註77〕　馬端臨：《文獻通考》卷一百五十三《兵考五》，第4580頁。
〔註78〕　參王曾瑜：《宋朝軍制初探》（增訂本）第二章，第70頁。
〔註79〕　徐松輯，劉琳等點校：《宋會要輯稿》兵五之七～八，第14冊，第8703頁。按：武衛軍起先是基於京東「土地沃饒，租賦有餘」而設置的。因「嚴其訓練之法，數年皆爲精兵」，被「分隸河北四路」。據此記載，則武衛軍當是因具有一定地方特色而被收編爲禁軍，所以其調動才有「駐泊」這樣的用語。

人分別發揚州、杭州、江寧府三地來看，「駐泊」揚州者數量當有限，或爲總額的三分之一即 1000 人而已。軍兵駐泊揚州，一則可以緩解三司財政壓力，二則能夠平衡「東南兵籍寡少」的局面，三則可以應對東南「盜賊」，可謂一舉三得。據此可知，更戍法更有調節軍資補給、維持社會治安等方面的考量，亦即受到經濟、社會等因素的影響，僅從中央與地方關係這一軍政層面上去解釋，並未得其全意。

總體來說，北宋時期進駐揚州的之兵，在數量與種類上都有限。所以從人口流動方面講，表現並不突出。建炎間，金兵犯境，揚州等淮東之地失守。呂中對此有曰：

> 當虜陷兩淮之時，其守猶多始於義者。至陷兩河之時，爲守臣者，不降則走而已。蓋兩河近邊之地，兵民尤習於戰；而淮揚內地，素無兵備。所恃者（韓）世忠，而世忠之軍潰；所恃者劉光世，而光世之軍亦潰，則守將安能空拳以相鬥哉！〔註80〕

呂中的話說在南宋後期，因爲是對南宋初期事件的評論，所以引文中「淮揚內地，素無兵備」的說法，係針對北宋時期而言，殆無可疑。駐軍多寡受到軍政地理形勢的直接影響；分駐和更戍，皆然，借呂中之言，可窺其一二。實際上，《宋史・兵志一》記「天子之衛兵，以守京師，備征戍，曰禁軍。」〔註81〕從「守京師，備征戍」的界定來看，除駐守京師外，北宋禁軍的主要分佈地當是西北地域很明顯的。基於這種界定以及地理分佈特點，我們自然而然可以想到，南宋時期隨著揚州轉變爲邊境地區，入駐的軍兵將隨之而有增加。這正是接下來所要重點考察的。

建炎元年（1127）五月二日，「諸路勤王之兵皆至行在」〔註82〕，稍後又「調發五路軍馬發赴（揚州）行在」〔註83〕。趙構開元帥府於南京時，手頭

〔註80〕 呂中撰，張其凡、白曉霞整理：《類編皇朝中興大事記講義》卷五《高宗皇帝・虜犯揚州》，上海人民出版社，2014 年，第 513 頁。按，此段引文，筆者對標點作了略微改動。
〔註81〕 脫脫等：《宋史》卷一百八十七《兵一》，第 4569 頁。
〔註82〕 徐夢莘：《三朝北盟會編》卷一百二「炎興下帙二」，第 752 頁。又，李心傳《建炎以來繫年要錄》卷五，建炎元年五月庚寅（一日）條記「應募兵勤王之人，以所部付州縣主兵官訖，赴行在。」己亥（十日）條記「大元帥府結局，將佐吏士推恩有差。時諸道勤王兵皆至行在。」後一條與徐夢莘所記時間稍有差異，但內容一致，可互參。
〔註83〕 徐夢莘：《三朝北盟會編》卷一百九「炎興下帙九」，第 799 頁。

只「有兵萬人」。這樣的兵力顯然不足以應付當時的軍事形勢。所以會有「招潰卒、收群盜」以補充兵員的舉措，從而增加了對地方武力的倚重程度。〔註84〕在這樣的背景下，趙構駐蹕揚州之時，大量軍兵轉往揚州，是很可理解的。渡江以後，相關舉措仍在延續，如紹興二年二月丙寅，命劉光世將銳卒萬人屯揚州，經理淮東〔註85〕；紹興三年三月壬戌，申命統制巨師古部兵萬人屯揚州；〔註86〕同年五月，宋廷令解元、杜琳所領之軍馬，處留兩千於泗州駐紮外，其餘屯駐於揚州、高郵、楚州三地。〔註87〕凡此之類，皆可見軍政形勢變動對揚州的影響。隨著宋室紮根臨安，揚州的駐軍，逐漸條理化。大致包括三個方面，除了延續北宋時期三衙系統（禁軍）的更戍軍兵外，還有屯駐大軍以及其他役兵等。茲分別考述如下。

先說三衙系統的揚州戍兵。兩宋之際的宋金交戰，宋軍節節敗退，潰不成軍。高宗即位之初便新設御營軍，置北宋原有的樞密院及三衙系統於不顧。待於臨安立定之後，方才重建三衙系統。雖然此時的三衙官軍制度與北宋時期的已多有不同，但更戍於地方仍然是三衙諸軍的重要職責之一，而且兩淮更是更戍的重點區域。〔註88〕紹興三十二年（1162）九月，江淮宣撫司奏請撥軍前去揚州駐紮，以為防秋之備。宋廷隨即「詔令殿前司左軍全軍，馬軍司於前軍、左軍內各差二千五百人，令劉源統押，步軍司差五千人，並前去揚州屯駐，聽江淮宣撫司使喚。」〔註89〕這是紹興末年宋金交惡背景下的揚

〔註84〕　並參李心傳：《建炎以來繫年要錄》卷一，建炎元年正月壬戌條，第 20 頁；馬端臨：《文獻通考》卷一百五十四《兵考六》，第 4607 頁。至於南宋對地方武力的倚重，代表性的著作，可參黃寬重：《南宋時代抗金的義軍》，聯經出版事業公司，1988 年；《南宋地方武力——地方軍與民間自衛武力的探討》，國家圖書館出版，2009 年。

〔註85〕　脫脫等：《宋史》卷二十七《高宗本紀四》，第 495～496 頁。

〔註86〕　並參李心傳：《建炎以來繫年要錄》卷六十三，紹興三年三月庚申條，第 1078 頁；脫脫等：《宋史》卷二十七《高宗本紀四》，第 504 頁。所可注意者，在這些軍兵當中，多有「西人」。李心傳記起居郎兼權直學士院張守有「行在兵多西人，不樂南去」之語（見《建炎以來繫年要錄》卷十九，建炎三年正月戊戌條，第 383 頁），上文關於「民」的討論中，也曾言及揚州多有「西北人」，所以此說當可信據。

〔註87〕　徐松輯，劉琳等點校：《宋會要輯稿》兵五之一七，第 14 冊，第 8708 頁。

〔註88〕　關於兩宋之際的軍制演變及三衙官軍制度研究，參王曾瑜：《宋代軍制初探》（增訂本）第四、五章相關論述，以及范學輝：《宋代三衙官軍制度研究》第三章、第五章相關部分，中華書局，2015 年。

〔註89〕　徐松輯，劉琳等點校：《宋會要輯稿》兵九之一五，第 14 冊，第 8785 頁。

州增兵之舉。﹝註90﹞隆興二年（1164）九月，「詔殿司護聖馬步軍、神勇軍、策選鋒軍、前後右軍人馬，並行起發。候到，令淮東宣諭使錢端禮差殿前司前軍先次往揚州。」﹝註91﹞乾道三年（1167）十一月，主管殿前司公事王琪言：「本司揚州見存留住官兵二千人，統領官一員。先自閏七月起發前去，到彼修築城壁，委是辛苦勞役，今來未有替期。乞於本司諸軍在寨人內摘差官兵二千人，內將官四員，並部轄統領官一員，於來年正月內起發前去揚州，抵替歸司。」其言獲准。﹝註92﹞翌年五月，樞密院有言殿前司差撥策選鋒軍馬前去揚州看守城壁；﹝註93﹞十一月五日，詔「殿前司差撥兵將官統押官兵三千人，先次起發前去揚州，權聽王任節制。」同月十四日，「詔護聖步軍差出揚州更戍三千人，令今月十五日，二十五日、十二月五日，分作三次起發。」﹝註94﹞其中「殿前司、鎮江都統司差往揚州看守城壁官兵，並一年一替。」其交替時間起初設在正月，六年正月殿前司言春寒之時，道途不便，遂改在每年三月交替。﹝註95﹞孝宗朝關於揚州戍兵的舉措異常突出，以上只是乾道初年的數例，﹝註96﹞一定程度上也是孝宗「恢復」意態的一種反映。這一點在後面還會有討論。

﹝註90﹞ 按，紹興末年，宋金交惡，當時宋廷不乏持議和態度之人，對淮南屯兵的舉措頗有顧慮。當時的翰林學士何溥「朝廷方守和議，淮上未可屯兵」之語，反映了一部分人的心態。無論如何，通過關於揚州屯兵的言說，可知揚州乃至於淮南屯兵數量的多少，實際上與南北軍事動態有直接的關聯。這在下文的討論中還會有涉及。何溥之言見李心傳《建炎以來繫年要錄》卷一百八十九，紹興三十一年四月丁巳條，第3164頁。

﹝註91﹞ 徐松輯，劉琳等點校：《宋會要輯稿》兵九之一六，第14冊，第8786頁。

﹝註92﹞ 徐松輯，劉琳等點校：《宋會要輯稿》兵五之二三，第14冊，第8711～8712頁。按：范學輝曾引之例，以為殿前司諸軍出戍揚州，「最早應該是使用看守營寨和修築城池的名義」。此說顯有不妥。據前引紹興三十二年之例，在孝宗之前，殿前司諸軍已有更戍揚州之舉，且並未言及看守營寨及修築城池。范說見《宋代三衙官軍制度研究》第五章，第273頁。

﹝註93﹞ 徐松輯，劉琳等點校：《宋會要輯稿》禮六二之七四，第4冊，第2155頁。

﹝註94﹞ 徐松輯，劉琳等點校：《宋會要輯稿》兵九之一八～一九，第14冊，第8787頁。

﹝註95﹞ 徐松輯，劉琳等點校：《宋會要輯稿》兵五之二四，第14冊，第8712頁。

﹝註96﹞ 慶元元年（1195）正月，殿前司言宋廷於紹熙三年（1192）曾差殿前司一千人屯戍揚州，（《宋會要輯稿》兵六之五，第14冊，第8719頁。）這也應該是孝宗朝的延續性舉措，因為南宋光宗一朝與孝宗末年的布局時大體一致的。參余英時：《朱熹的歷史世界：宋代士大夫政治文化的研究》第十章、第十二章。

因軍政動態的變動而增加屯兵數目是很自然的，孝宗朝以後還有類似的舉措，特別是在寧宗朝開禧北伐前後以及理宗朝宋蒙交惡期間。如開禧元年（1205）十一月，置殿前司神武軍五千人屯揚州。〔註97〕開禧二年四月，鎮江都統兼知揚州、淮東安撫使郭倪言：「淮東邊面闊遠，目今出戍軍馬分布不敷。已恭承指揮處分差發等事，乞於殿前司通見出戍人共轅差精銳壯健，正帶甲二萬人，準備帶甲、火頭、傔兵在外。庶幾可以分布使喚，如遇緩急，足可抵敵。」宋廷遂「詔令郭杲、王處久疾速揀選精銳官兵，內殿前司五千人，步軍司二千人，並有智勇統制、統領部押前去，並聽郭倪節制。」〔註98〕宋廷雖未如郭氏所請，如數差撥兩萬人，但是七千這個數目已較紹熙時期數目大爲增加。這些軍兵自然不會全部駐紮在揚州，但水漲船高，隨著總人數的增加，其中駐揚州者當亦隨之而有所增。且軍兵由揚州守臣節制，也是南宋時期揚州軍事屬性增強的一個具體表現。理宗寶慶初年，寶章閣學士曹彥約針對「夷狄盜賊」曾提出五種應對策略，其中「固本」一項有曰：

> 所謂固本者，營壘布列，莫先重內。古人處置固自有體，重兵皆在江內，而三衙尤多勝兵。中興百年，恃此以不恐。其後馬司徙置江上，而建康、鎮江諸軍皆在江北。人心易搖，奸宄易生，設有緩急，不能自立。爲今之計，莫若使殿、步之兵重於江上，江上之兵重於眞、揚，眞、揚之兵重於楚、海。聚兵於內，守以大將。有時應敵，可以調發；應敵之後，復歸本營。外雖有警，中實安堵。此所以爲本強也。〔註99〕

揚州顯然是江上屯戍重地，三衙系統的禁軍多有更戍於此。揚州古城考古發掘出來的帶有建康、鎮江字樣的城磚，所在多有，即印證了史書記載。比曹彥約稍晚，端平元年（1234）五月，魏了翁在論及三衙諸軍時，也有涉及淮東駐兵的調動，其言有曰：「京口戎司，昔戍於眞、揚、楚、泰、高郵、盱眙、

〔註97〕 佚名撰，汪聖鐸點校：《宋史全文》卷二十九下《宋寧宗二》，第 2505 頁。
〔註98〕 徐松輯，劉琳等點校：《宋會要輯稿》兵六之七，第 14 冊，第 8720 頁。
〔註99〕 黃淮、楊士奇編：《歷代名臣奏議》卷三百三十八《禦邊》，第 5 冊，第 4377 頁。按：據《宋史》卷四百一十《曹彥約傳》，曹彥約改寶章閣學士在寶慶元年以後，而其人又逝於紹定元年。故其言當在寶慶年間。又，雖然曹彥約在寶慶間有屯兵江上的建議，但對於這樣的舉措亦存有些許疑慮。針對淮甸軍政，他在同時先後，還曾言：「建立宣閫，猶慮張皇；增兵維揚，易生釁隙。不問又非爲國。」（見《歷代名臣奏議》卷二百二十四《兵制》，第 2958 頁）這裡顯然表現出一種兩難的心態。但這只是疑慮而已，「固本」顯然更爲重要。

瓜洲、鹽城諸處也，今置之新復諸郡。池州戍司，昔戍於舒、蘄、巢縣也，今置之淮東。」〔註100〕這是對端平前後三衙諸軍戍地變動的描述，內中江東「池州戍司今置之淮東」的舉措，當是填補揚州等淮東駐軍遣出的平衡之舉，二者都是南宋揚州兵之遷入與遣出的表現。

南宋三衙諸軍更戍揚州，與當時揚州城池建設的頻繁以及城池規模的擴大多有關聯。上面所引乾道三年、四年的例子便直接點出了更戍之兵是用於修城壁以及看守城壁。不過揚州的修城與守城之兵不限於三衙系統。在明代嘉靖《惟揚志》卷十《軍政志》中有「揚州役兵」一項，記曰：

> 揚之役兵，有淮東司義士左軍，江淮司寄屯諸軍；有馬軍司全軍左軍，殿前司全軍左軍，步軍司全軍。此三司軍，俱命劉源統駐揚州者也。有郭振步軍司全軍，選鋒全軍，神武庫全軍，俱聽王任節制揚州者也。有鎮江都統司全軍，御前諸軍，俱命與劉源、王任二軍同看守揚州城堡者也。

引文中關於諸軍稱謂的記載，或有不盡妥當之處，〔註101〕但著眼於整體，可知三衙系統諸軍更戍於揚州，往往有充役者，而且揚州役兵顯然又不限於三衙系統的諸軍。需要注意的是，所謂「役」，就南宋時期的揚州而言，最重要的當屬城池建設與看守。「劉源、王任二軍同看守揚州城堡」，只是其中一個方面，是修城以後的舉措。從今人考古發掘出來的揚州古城磚磚文中，可見「義士左軍」、「馬軍司城磚」、「馬司中軍城磚」、「御前後軍」、「御前水軍」、「鎮江前軍」等磚文；〔註102〕又，考古人員發掘出南宋嘉定六年（1213）重修宋大城北水門石碑，該碑詳細記載了重修北水門的「點檢機（稽）察提督監修等官及所用錢米物料工匠姓名」，其中也提到「鎮江都統司」、「精銳軍」、「武鋒軍」〔註103〕。結合這些城磚及石碑文，可知入

〔註100〕 黃淮、楊士奇編：《歷代名臣奏議》卷二百二十五《宿衛》，第 3 冊，第 2968 頁。

〔註101〕 如「全軍左軍」的說法即顯混亂，「全軍」包括「左軍」；「神武庫全軍」的說法，他處皆不見記載，揚州考古城磚中有不見記載。王曾瑜先生在《南宋後期揚州屯駐大軍番號和今存南宋揚州城磚文考釋》（《劉子健博士頌壽紀念宋史研究論集》，（日本）同朋社，1989 年）中對此有所考釋。

〔註102〕 參見汪勃：《揚州城遺址唐宋城磚銘文內容之研究》，收入《江淮文化論叢》，2011 年，第 166～167 頁。

〔註103〕 中國社會科學院考古研究所：《江蘇揚州市宋大城北門遺址的發掘》，《考古》2012 年第 10 期，第 47 頁。

駐揚州的軍兵多有參與城池建設，此亦所謂「役」的一個具體實指。揚州
戍兵參與城池建設與駐守，是基於南宋時期揚州的城池建設活動的頻繁，
兩者是相輔相成的。關於城池建設，在第一章已有專門的考論。接下來我
們轉入對南宋揚州屯駐大軍的討論。

　　關於揚州的屯駐大軍，《嘉靖惟揚志》中也有比較系統的記載，其卷十《軍
政志‧兵制》記：「在揚則有諸屯駐大軍，曰強勇軍、武鋒軍、敢勇軍、雄勝
軍、雄邊軍、武定軍、游擊水軍、神武軍、護聖馬步軍」，「其他猶有水軍、
忠節軍、保勝軍、忠勇軍、寧淮軍。各為統紀，並隸屯駐大軍，守禦揚州者
也。」「以上十四大軍，各有統制一官，以鈐其首也」。其中「護聖馬步軍」
以前諸軍，多有詳列諸軍名目及入駐背景等信息。為便於討論，今將《嘉靖
惟揚志》所記稍作歸類，並略加按語，統於一表（表3－5）如下：

表3－5：嘉靖《惟揚志》卷十《軍政志》所載南宋揚州屯駐大軍表

大軍番號	屬軍		其他背景	按　語
	種數	番號		
強勇軍	8	使效軍、歸正軍、楚州強勇軍、神武軍、敢死軍、鎮淮軍、馬效軍、楚州雄邊軍	軍無定額，皆以流氓盜賊充役郭棣屯駐揚州	郭棣駐揚州，事在孝宗淳熙間（1175～1179）。《宋史‧兵志二》「建炎後諸屯駐大軍」條記有「強勇」。考古發掘有「強勇軍」城磚。
武鋒軍	5	楚州屯騎軍、楚州武鋒軍、楚州左右軍、安東宣威軍、鎮江雄效軍	此五軍者，皆他州軍，亦郭棣調撥屯駐揚州	《宋史‧兵志二》「建炎後諸屯駐大軍」條記有「武鋒」。考古發掘有「武鋒軍」城磚。
敢勇軍	1	精銳軍	畢再造以膽勇茶客隸本軍，屯駐揚州	「造」當為「遇」之誤。畢再遇先後兩次守揚州，事在寧宗開禧與嘉定間（1205～1210）。《宋史‧兵志二》「建炎後諸屯駐大軍」條記有「敢勇」。考古發掘有「敢勇軍」、「精銳軍」城磚。
雄勝軍	1	必勝軍	隸雄勝軍，遷駐寶祐城	寶祐城修築，事在理宗寶祐三年（1255）。《宋史‧兵志二》「建炎後諸屯駐大軍」條記有「雄勝」。考古發掘有「雄勝軍」城磚。

大軍番號	屬軍		其他背景	按　語
	種數	番號		
雄邊軍	1	義士後軍	趙範以雄邊民兵招充本軍屯駐揚州	趙範先後兩次守揚州，事在理宗寶慶與紹定間（1225～1226，1230～1231）。《宋史·兵志二》「建炎後諸屯駐大軍」條記有「雄勝」。考古發掘有「雄邊軍」城磚。
武定軍	2	江淮忠義軍、滁州武定軍	嘉熙間移屯揚州	《宋史·兵志二》「建炎後諸屯駐大軍」條記有「武定」。考古發掘有「武定軍」城磚。
游擊水軍	5	前軍、左軍、中軍、右軍、後軍	御筆指揮招刺立額，屯駐揚州	《宋史·兵志八》記「迨至咸淳，軍將往往虛立員以冒稍食。以建康言之，有神策二軍，有游擊五軍。」考古發掘有「水軍」等城磚。
神武軍	1	甲軍	湯東野出戍揚州	湯東野守揚州，事在高宗紹興三至四年（1133～1134）。《宋史·兵志一》記：「建炎四年，改御前五軍爲神武軍，御營五軍爲神武副軍，並隸樞密院。（紹興）五年，上以祖宗故事，兵皆隸三衙，乃廢神武中軍，隸殿前司，於是殿司兵柄始一。」
護聖馬軍	5	策選鋒軍、神勇軍、前軍、後軍、右軍	錢端禮出戍揚州	事在隆興二年（1164）。此係三衙諸軍。
水軍	－	－	－	《宋史·兵志二》「建炎後諸屯駐大軍」條記：「沿江水軍。建炎置。」「兩淮水軍。紹興元年置，二千人。隆興元年，詔諸州斷配海賊刺隸。」考古發掘有「水軍」、「揚州·水軍」等城磚。
忠節軍	－	－	－	《宋史·兵志三》「建炎後禁廂軍」條記：「忠節。中興立。隆興、撫、臨江、寧國、江、建昌、興國、南康。」〔註104〕
保勝軍	－	－	－	《宋史·兵志三》「廂兵·建隆以來之制·馬軍」記「保勝。鄜、光、嵐。」又《宋史·兵志六》「建炎後廂兵」記：「保勝。紹興六年，詔金、均、房三州保甲分爲五軍，以保勝爲名。」

〔註104〕　據《宋史》此條校勘記，此「建炎後禁廂軍」之「廂」字似衍文。或是。見《宋史》第4703頁，校勘記四十八。

大軍番號	屬軍		其他背景	按　語
	種數	番號		
忠勇軍	—	—	—	《宋史・兵志二》「建炎後諸屯駐大軍」條記有「忠勇」。考古發掘有「忠勇軍」、「六合忠勇軍」、「紹熙三年二月內步軍司燒造六合城磚」等城磚。
寧淮軍	—	—	—	《宋史・兵志三》「建炎後廂軍」條記：「寧淮。中興，在淮南。」考古發掘有「寧淮軍」城磚。〔註105〕

　　結合表中按語，可知嘉靖《惟揚志》中所謂「十四大軍」並非全是「屯駐大軍」，還包括有三衙系統以及其他地方諸軍，如「護聖馬軍」、「神武軍」、「保勝軍」、「寧淮軍」之類是也。但若著眼於諸軍「並隸屯駐大軍」的說法，則修志者將其歸於一類或只是從整體上著眼，其意並非每一軍在性質上都是屯駐大軍。王曾瑜先生認為這十四大軍「大多應是南宋後期之駐軍番號」，這是在試圖給方志所載確定一個比較具體的斷限。在這種認識下，王先生對《嘉靖惟揚志》中的一些記載提出質疑，比方說神武軍的番號在紹興五年已被廢棄，不應當再「保存百餘年之久」，而至於南宋後期；或者即便未被廢棄，也至少應該在光宗紹熙間被揚州守臣錢之望併入強勇軍。〔註106〕實際上嘉靖《惟

〔註105〕　按，關於揚州古城磚，見於先後發表的各類考古報告，比較分散。為使此表儘量簡潔，此處並未一一注明報告來源。今人對考古發掘出來的揚州古城磚多有關注，相關研究對城磚的摘錄比較完備。特別新近汪勃發表的《揚州城遺址唐宋城磚銘文內容之研究》一文，對揚州考古城磚內容有比較系統的梳理（雖然其中對有些磚文的認識並不夠準確）。此表凡注錄有城磚者，皆據此等研究中的注錄。特此說明之。除汪勃之文外，比較有代表性的，另有耿鑒庭的《揚州城磚文中的韓世忠抗金部隊番號》（《文物》1959年第5期）、《揚州南宋城磚裏的抗金抗元部隊番號》（《文物》1962年第11期）、《從揚州的南宋城磚窖談到唐代大雲寺的寺址》（《文物》1963年第9期）；王曾瑜的《南宋後期揚州屯駐大軍番號和今存南宋揚州城磚文考釋》（《劉子健博士頌壽紀念宋史研究論集》，（日本）同朋社，1989年）。

〔註106〕　據葉適《水文文集》卷十八《華文閣待制知廬州錢公（之望）墓誌銘》記錢之望守揚州曰：「安撫司兵，自劉綱、向子固有東西寨使效；晁公武有效用；郭棣有效士，有強勇。名號雜，軍律不齊。豪盜隱伏，為一方患。公請並為強勇，募材武卒千人，隸御前，置統領管將之。宿蠹始革。」（劉公純等點校《葉適集》（中），中華書局，1961年，第345頁）。據此，錢之望揚州任內有合併之舉。王曾瑜的論述見《南宋後期揚州屯駐大軍番號和今存南宋揚州城磚文考釋》，第3～4頁。

揚志》作爲後代方志，其所記屯駐大軍，大體來說是對整個南宋時期揚州駐軍的總結，並非只限於南宋後期的某一個切面；所以我們會看到其中不但對高宗、孝宗、光宗、寧宗朝的駐軍皆有注錄，而且還都保存的是起始的番號。職是之故，神武軍注錄是很正常的事：紹興三年這個番號還沒有被廢除，注錄神武軍正是對高宗朝軍事動態的如實反映。至於錢之望合併諸軍爲強勇，自是光宗朝的舉措，與前朝之事應分開來看，更不能因此而抹去以往的諸軍痕跡。只有如實記錄，才能對南宋時期揚州的駐軍有比較切實的認識，而嘉靖《惟揚志》中「所載的宋軍番號，顯然比《宋史・兵志》豐富得多」（前揭王曾瑜先生文中之語），也正是基於這樣的修志取向。

嘉靖《惟揚志》中所記宋軍番號較《宋史・兵志》爲多，但對於兩宋時期揚州駐軍的記載仍有遺漏。《宋史・兵志二》「建炎後諸屯駐大軍」條還有「江都振武」、「泰興振武」[註107] 之記載，考古發掘出土的揚州城磚中有「遊奕軍」、「忠信軍」字樣。其中游奕軍，《宋史・兵二》「建炎後諸屯駐大軍」條有記，嘉定十三年（1220）五月，詔於遊奕軍中選步兵五百人前去揚州屯戍，聽揚州守臣節制，[註108] 所指便是；忠信軍，《宋史・兵志》未有記載，檢其他宋代主要文獻，亦未見有記載，只能留俟再考。又《宋史・李庭芝傳》記其在揚州築城包平山堂後，於「城中募汴南流民二萬人以實之，有詔命爲武銳軍」，《宋史・度宗本紀》所記「兩淮制置使李庭芝立城，屯駐武銳一軍」[註109] 即是同一事。而據此也可知武銳軍之兵源，本身即是流民；這可以說是當時軍兵中一個比較普遍的現象。表3－5中孝宗朝郭棣即是「以流氓盜賊充役」，寧宗開禧、嘉定間畢再遇敢勇軍中的「膽勇茶客」，也不乏身爲「茶寇」[註110] 之人。總而言之，以上游奕、忠信、武銳三軍，嘉靖《惟揚志》

[註107] 脫脫等：《宋史》卷一百八十八《兵二》，第4631頁。按，「泰興振武」，《宋史》原作「泰熙振武」，嘉靖《惟揚志》卷十《軍政志》中「泰興振武」之記載，此或因「興」（興）、「熙」形近而致誤。王曾瑜在《〈宋史・兵志〉一段文字的考釋》一文中對此有涉及。

[註108] 徐松輯，劉琳等點校：《宋會要輯稿》兵六之一一，第14冊，第8722頁。

[註109] 並參脫脫等：《宋史》卷四百二十一《李庭芝傳》，第12600頁；《宋史》卷四十六《度宗本紀》，第896頁。

[註110] 關於茶寇、茶商與南宋地方軍力之關係，黃寬重先生有比較詳細地考論。可注意者，茶商的活動，在寧宗朝表現比較突出。相關研究見其《茶商武力的發展與演變》，收入《南宋的地方武力：地方軍與民間自衛武力的探討》第六章；《南宋茶商賴文政之亂》，收入《南宋軍政文獻探索》，新文豐出版社公司，1990年。

並無記載，所以南宋時期揚州的「屯駐大軍」較嘉靖《惟揚志》所記當要更多一些。若進一步與北宋時期的入駐禁軍相比較，無論是軍種還是數量，南宋與北宋時期的差異都是非常明顯的。嘉定八年（1215）十一月二十三日，淮東總領宋鈞有「諸軍分屯淮甸已多，而揚州爲最」〔註111〕之語，所謂「分屯」，主要指的當是屯駐大軍。揚州在南宋時期的軍事地位也由此得以體現。所可注意者，此雖是寧宗時期的話，但至少孝宗朝始，揚州的屯駐之兵已開始大幅增加。所以除了以上從整體上把握兩宋時期揚州駐軍的差異外，我們還要對南宋時期揚州駐軍的動態變化作一考察。

南宋揚州駐軍的動態變化，一定程度上可視爲對彼時南北軍政動態的反映。在南北議和的背景下，揚州的屯軍相對要少，而且關於屯軍的舉措往往也不爲當時臣僚所贊同。這在前面討論三衙諸軍時已有涉及。據慶元元年（1195）十二月三日京鏜的說法，在南宋與金的議和條約中，有「彼此臨邊不許屯兵」，只可「分兵出戍」的協議。所以京鏜會對當時臣僚「大軍屯江南不如屯江北」的論調不以爲然，而且也得到了寧宗的認可。〔註112〕不光寧宗初年對江北土兵態度謹慎而消極，紹興和議以後，高宗朝也是如此。韓元吉曾言：「自和好之興，不許駐兵淮上，故移江左。今諸將絫於宴安者二十年，惟知江左屯駐之便，未有肯過江而戍者，朝廷安可不爲之計哉？」〔註113〕紹興十二年宋金和議達成，往後推二十年，則至於紹興末年宋金交惡，所以韓元吉這段話係針對高宗朝而發，絕無可疑。〔註114〕據此可知，高宗朝屯兵江北的舉措當有限。這在表3－5中也清楚地體現出來：護聖馬軍之前列有屬軍的駐軍中，只有和議以前的紹興間湯東野的神武軍，而且在紹興五年即被廢除番號；除此之外，比較明確的屯駐大軍只有「水軍」，而且也是和議以前。

〔註111〕 徐松輯，劉琳等點校：《宋會要輯稿》職官四八之一四六，第 7 冊，第 4402 頁。

〔註112〕 徐松輯，劉琳等點校：《宋會要輯稿》兵六之六，第 14 冊，第 8719 頁。

〔註113〕 韓元吉：《南澗甲乙集》卷一〇《論淮甸箚子》，見《全宋文》卷四七八六，第 350～351 頁。

〔註114〕 韓元吉《論淮甸箚子》文中有「軍興以來」之語，則此箚子必在孝宗朝。又陸心源《宋史翼》卷一四《韓元吉傳》記乾道九年韓元吉使金還，「奏言敵之強盛五十年矣，人心不附，必不能久，宜合謀定算，養威蓄力，以俟可乘之釁之機，不必規小利以觸其機。孝宗然之，除吏部侍郎。」（中華書局，1991年，第 146 頁）使金必過兩淮，基於韓元吉的履歷，再結合「朝廷安可不爲之計」以及「宜合謀定算，養威蓄力」之語，頗疑韓元吉關於兩淮的箚子，出現在乾道九年使金還後。

　　相較於和議背景下的駐軍狀況，南北交惡背景下的揚州屯軍就有明顯的變化。表 3－5 中畢再遇的敢勇軍、趙範的雄邊軍、賈似道的雄勝軍、南宋末期的游擊水軍，以及此表未載的李庭芝的武銳軍，皆是宋金或宋蒙關係緊張背景下的舉措。其中賈似道的雄勝軍與李庭芝的武銳軍，更是配合揚州城池建設而有的舉措（詳參第一章考論）。兩者合而觀之，尤見軍政變動對於南宋揚州的影響是多面的。不過以上諸軍的組建與入駐，皆戰爭背景下的舉措，不足為奇。南宋時期非戰爭背景下揚州也有強化屯軍的舉措，當給予更多地重視。

　　如果說表 3－5 中隆興間錢端禮有於淮東措置護聖馬軍，還有紹興末年宋金交惡的背景，那麼淳熙間郭棣於揚州措置強勇軍、武鋒軍的舉措，則完全是在隆興和議之後完成的；這與高宗朝紹興議和之後的江北屯兵舉措形成了鮮明地對比。這種差異主要應從宋廷內部去尋求原因。南宋洪邁說他曾經歷了紹興末年宋金交惡時江淮郡縣失守的情景，他在《容齋續筆》中記：

> 紹興之季，虜騎犯淮，逾月之間，十四郡悉陷。予親見沿淮諸
> 郡守，盡掃官庫儲積，分寓京口，云預被旨許令移治。是乃平時無
> 虞，則受極邊之賞，一有緩急，委而去之。寇退則反，了無分毫絓
> 於吏議，豈復肯以固守為心也哉。〔註115〕

紹興末年江淮的失守，反映的正是高宗朝在沿邊地帶守備舉措的欠缺。這是無固守之心的表現。第一章關於高宗朝揚州城池建設的考論可與此互參。但若換一個角度，這也正是孝宗朝重視邊備的一個背景，理宗朝的呂中說：

> 孝宗有恢復之志，置恢復局，覽華夷圖。建國用使，開都督府，
> 立奉使司。兵自偏裨而下，各有長記；將自準備而上，又有揭帖。
> 〔註116〕

這裡從孝宗個人的「志」出發，突出了孝宗個人因素在軍政局勢變動的中的能動性。這是「孝宗恢復」一個重要的內在因素，今人對此已有比較詳細的考論。〔註117〕所可注意者，呂中也將孝宗的「志」與軍事關聯起來。引文中呂中所

〔註115〕　洪邁撰，孔凡禮整理：《容齋續筆》卷四「淮南守備」條，見上海師範大學古
　　　　　籍整理研究所編：《全宋筆記》第五編第五冊，大象出版社，2012 年，第 260
　　　　　頁。
〔註116〕　呂中撰，張其凡、白曉霞整理：《類編皇朝中興大事記講義》卷二十二《孝宗
　　　　　皇帝·圖恢復》，第 769 頁。
〔註117〕　參余英時：《朱熹的歷史世界：宋代士大夫政治文化的研究》第十章、第十二
　　　　　章相關論述。

謂「兵」、「將」雖然側重在制度層面，但實際的兵將配備與調動也不可忽視；
從這個意義上講，郭棣在揚州措置屯駐大軍的行爲，正可看做是「孝宗恢復」
背景下地方社會的實際因應舉措。所以這裡有必要對郭棣措置屯駐大軍多作幾
點說明：一、表 3－5 中郭棣措置的強勇軍、武鋒軍的規模在整個南宋時期都
有最突出的地位，而上文提到的錢之望合併之舉，也應該視爲郭棣之舉的延
續。因爲錢之望的揚州之任是由孝宗欽點的，這在葉適所撰《華文閣待制知盧
州錢公（之望）墓誌銘》中有明確的交代。相關考論在第一章關於揚州城池建
設的部分已有涉及。二、郭棣揚州任內還有修築堡寨城與夾城的舉措，此舉使
得揚州形成三城格局，軍事防衛能力大爲提升。這也是高、孝兩朝軍政取向之
差異在地方社會的一個具體反映。基於賈似道、李庭芝修城之後有駐軍屯守的
舉措，頗疑郭棣的強勇軍、武鋒軍，也是與城池建設配套的。爲更好理解郭棣
在揚州的行爲，這裡有必要對其任職揚州的背景也略作交代。淳熙二年（1175）
四月二十五日，敷文閣待制周必大在《論久任邊帥》的奏箚中說：

> 臣聞懷遠圖者，不可要近效；立大功者，不可守常格。竊見陛
> 下自臨御以來，宸心之所經度，謀臣之所計慮，常以兩淮爲急。然
> 歲月浸久，欲固壘則壘未固，欲屯田則田未闢，版曹有饋邊之費，
> 邊民無定居之心。其故非他，特在於要近效、守常格太過耳。蓋要
> 近效則攸久之計有不暇爲，守常格則遠大之謀有不容施。今陛下以
> 郭逮守維揚，郭剛守歷陽，殆將專付閫外之事，稍革二者之弊也。

〔註 118〕

郭棣守揚州始於淳熙二年，這是當時的即時言論，可信無疑；也可見前引呂
中之說必有所據。所可注意的是，郭棣揚州之任，「專付（之以）閫外之事」，
是有「革弊」的用意。郭棣一入揚州便有築城之舉，是很可注意的舉措（詳
見第一章考論）。周必大雖未提及駐兵，但郭既能「專事」，則軍隊的整頓必
是分內之責，且與「固壘」亦即城池修築相輔相成。周必大說孝宗「常以兩
淮爲急」，這正是對地方社會的關注，「固壘」、「屯田」、「版曹」係具體的事
宜。要之，孝宗朝郭棣在揚州措置的屯駐大軍，是在「孝宗恢復」的背景下
完成的，而且與揚州築城是同時先後的舉措。綜合起來看，對於全面認識孝
宗朝的軍政動態以及所謂「孝宗恢復」有重要的幫助。

〔註 118〕　周必大：《文忠集》卷一百三十七《論久任邊帥》見《全宋文》卷五〇六〇，
　　　　　第 22 頁。；並參黃淮、楊士奇編：《歷代名臣奏議》卷卷二三九《任將》，第
　　　　　3152 頁。

　　除入駐以外，揚州軍兵也有遣出他處者。上文提到的端平間魏了翁關於三衙諸軍的言說，實際上即是區域間的軍事調動，是為兵之流動的一個表現。這種現象隨時而有，如隆興二年（1164）九月，揚州孫玠、瓜洲劉端人馬，曾轉屯盱眙；後又撥三千人馬，備禦楚州、盱眙一帶。乾道四年（1168）十一月，楚州守臣的建言之下，於揚州「策選鋒軍更戍官兵摘差二百至三百人，內馬軍一百人騎，逐旋起發至楚州」；十二月又從揚州「將褚淵一千五十人先次移那（挪）前來楚州屯駐」〔註119〕。翌年正月二十九日，從更戍揚州的殿前司遊奕軍中，撥差一百人前往楚州警捕盜賊。〔註120〕淳熙五年（1178）八月三日，鎮江武鋒軍都統兼知揚州郭杲言：「已降指揮，將楚州屯戍武鋒軍左、右兩軍官兵老小移戍揚州西城。慮恐楚州闕人彈壓，已差鎮江前軍人馬、揚州看守城壁人前去楚州屯戍。」〔註121〕開禧二年（1206）「命丘崈至揚州部署諸將，悉三衙江上軍分守江、淮要害。」〔註122〕開慶元年（1259）十一月丙辰，詔揚州拱衛軍千人赴京聽調遣。〔註123〕凡此之類，大體皆是揚州駐兵遣出他處者，其遣出地有周邊政區也有京師。然而無論是入駐還是調出，往往視戰事緩急、人員多寡為據而採取平衡之舉。

三、小結

　　本小節關於人口流動的討論，主要針對相對有規模或比較有組織的群體性人口流動，與宋代移民史、人口史的關係更為密切。對個別人員的遷徙以及社會等級、身份的變動並未過多涉及。就宋代揚州而言，北宋時期包括一般民戶以及軍兵在內的群體性人口流動，表現並不突出。據本章第一節的考述，人口的持續增長是為此間揚州人口狀況的主要變動趨勢，這種增長當主要是人口的自然增長所致，而人口遷進的貢獻似乎並不大。兩宋之際的戰亂，導致南北政治格局的變動，揚州從「內地」一變而成為「邊郡」。這對南宋揚州人口流動的影響是深遠的，在民與兵兩個方面均有體現。其中民有南遷，

〔註119〕　徐松輯，劉琳等點校：《宋會要輯稿》兵九之一七～一九，第 14 冊，第 8786 ～8787 頁。按，褚淵管押之一千五十人曾與乾道四年十一月二十六日自楚州轉屯揚州。可見其時淮東區域間的屯兵轉徙是比較頻繁的。

〔註120〕　徐松輯，劉琳等點校：《宋會要輯稿》兵二九之二一，第 15 冊，第 9248 頁。

〔註121〕　徐松輯，劉琳等點校：《宋會要輯稿》兵六之二，第 14 冊，第 8717 頁。

〔註122〕　脫脫等：《宋史》卷三十八《寧宗本紀二》，第 741 頁。

〔註123〕　脫脫等：《宋史》卷四十四《理宗本紀四》，第 868 頁。

特別是當南、北政權關係惡化，兵戎相見時，揚州土著的外徙以及北境民眾的南遷，所在多有。這是南宋揚州人口總數整體上不如北宋時期的最重要原因。與民之遷徙相對應，南宋揚州有大量的軍兵入駐及遣出，這也是人口流動的一種特殊的表現形式，而且是揚州軍事屬性的直接體現。南宋劉克莊(1187～1269)曾說：「維揚者，淮東一路之根本也」〔註124〕，便是著眼於軍事地位而言的。作為根本之地，軍隊的駐紮是必不可少的。所可注意者，揚州的人口流動也表現為江南民眾的北遷。這種往邊境遷徙的現象，相對來說比較特別，可從兩個方面說之：一是自然災害的直接促使，關於這一點，更為深層次的原因，則是唐宋時期經濟重心南移後，江南開發程度加深而導致的人均占田量的下降；所以災荒之後，往往需要北遷以謀生。二是宋廷基於揚州等淮東地區的軍事屬性，在人口流動方面有一定的引導政策，以增加淮東地區的經濟自我補給能力。這在後面關於田地經營以及商業活動的部分還會有所涉及。

〔註124〕　劉克莊著，辛更儒箋校：《劉克莊集箋校》卷一二八《乙酉與胡伯圜侍制》，中華書局，2011年，第11冊，第5218頁。